ELISABETH MEYER-RENSCHHAUSEN

URBAN GARDENING IN BERLIN

Touren zu den neuen Gärten der Stadt

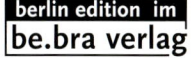

Alle Fotografien stammen von Elisabeth Meyer-Renschhausen.

Bibliografische Information der Deutschen Nationalbibliothek
Die Deutsche Nationalbibliothek verzeichnet diese Publikation
in der Deutschen Nationalbibliografie; detaillierte bibliografische
Daten sind im Internet über http://dnb.d-nb.de abrufbar.

© berlin edition im be.bra verlag GmbH
Berlin-Brandenburg, 2016
KulturBrauerei Haus 2
Schönhauser Allee 37, 10435 Berlin
post@bebraverlag.de
Lektorat: Marijke Topp, Berlin
Umschlag: hawemannundmosch, Berlin
Satz: typegerecht, Berlin
Schrift: Milo 9/12,5 pt
Druck und Bindung: Finidr, Český Těšín
ISBN 978-3-8148-0204-6

www.bebraverlag.de

Inhalt

TOUR 4: Von Schöneberg über Friedrichshain an die Spree

TOUR 5: Von Weißensee durch Prenzlauer Berg nach Mitte

TOUR 6: Von Neu-Tempelhof nach Köpenick

TOUR 7: Vom Landschaftspark Herzberge bis zur Wartenberg Trift

TOUR 8: Vom Charlottenburger Ziegenhof zu den Wilmersdorfer Laubenpiepern

TOUR 9: Von Dahlem nach Düppel

TOUR 10: Von Karow an die Panke

TOUR 11: Von der Selbstversorgerwirtschaft zur modernen urbanen Agrarkultur

Prunkwinden in den Allmende-Gärten

Einleitung

Berlin fasziniert. Besonders die Jugend der Welt fühlt sich magisch angezogen. Berlin gilt als eine Stadt des Kreativen, der Wirklichkeit gewordenen Visionen. Die Stadt hat den Ruf, voller Alternativen zum herkömmlichen Trott zu stecken und, vor allem, eine ausnehmend grüne Stadt zu sein. Tatsächlich ist Berlin fast eine Gartenstadt, so wie es historisch eine derjenigen Städte war, in der besonders viele Gartenstadt-Siedlungen auf den Weg gebracht wurden. Heute weckt Berlin Sympathie, weil es voller Menschen ist, die sich für die Verschönerung ihres Quartiers durch Begrünung einsetzen.

Zahllose einfache oder auch begüterte Bürger, darunter Künstler und Zugewanderte, Geringverdienende oder Erwerbslose, setzten sich für den Erhalt von Gartenkolonien ein oder bepflanzten guerillagardening-mäßig Baumscheiben und Hinterhöfe. Schäbige Brachen verwandelten sie bereits seit den 1980er-Jahren in Mauergärten oder begrünte Gemeinschaftshöfe und manchmal sogar in Kinderbauernhöfe. Und seit den 1990er-Jahren haben Hunderte von Berlinerinnen und Berlinern Geld, Zeit oder ungewünschte Erwerbslosigkeit in eine Art Dauereinsatz für neue grüne Allmenden umgemünzt. Seit der Jahrtausendwende entstanden zudem die neuen Gemeinschafts- und Interkulturellen Gärten, die zu guter Letzt in eine Welle des sogenannten Urban Gardenings mündeten. Das ist es wohl, was Berlin momentan in besonderem Maße hip macht. Und was übrigens auch im wortwörtlichen Sinne erfahrbar ist. Am besten leihen Sie sich dazu ein Fahrrad aus oder machen sich zu Fuß und mithilfe des öffentlichen Nahverkehrs auf den Weg.

Aber wieso ist Berlin so grün? Woher diese Gartenbegeisterung seit den 1980er-Jahren und besonders in der jüngsten Zeit? Es gibt mehrere Gründe. Die Morphologie Berlins als ehedem Sumpfgelände in einem eiszeitlichen Urstromtal war der Entwicklung zu einer grünen Stadt förderlich. Die Silbe »Ber« ist slawischen Ursprungs und bedeutet wohl »Sumpf« oder »Furt«. Man konnte also gar nicht überall bauen. Seit der Gründung Großberlins 1920 legte man konsequent Volksparks und Kleingartenanlagen entlang von »Pfuhlen« und Niederungen an. Großberlin entstand durch den Zusammenschluss der Hauptstadt mit den umliegenden Städten und Dörfern von Spandau über Charlottenburg bis Köpenick und von Marzahn bis Dahlem. Von Anfang an wurde die Idee verfolgt, die Versorgung der Bevölkerung mit sauberem Trinkwasser zu sichern und auch für die Erholung Wälder und Seen in großem Umfang zu erhalten.

Berlin war bereits im 19. Jahrhundert die Stadt von Arbeiter- und Frauenbewegung sowie Boden- und Lebensreform, und dann durch Krieg und Krise seit 1918/19 sozialpolitisch besonders aufgeweckt. In den 1920er-Jahren entstand in allen Bezirken eine umsichtige Politik der Förderung von Selbsthilfe und Eigenarbeit: Gartenstadt-Siedlungen und Kleingartenkolonien. In der jüngeren Zeit half paradoxerweise dann der sprichwörtliche Bau-Sumpf Berlins. Denn nachdem seit Mitte der 1990er Jahre voreilige und zu umfängliche Bau- oder Abrissvorhaben und Bürgschaften das Land an den Rand des Ruins getrieben hatten, musste gespart werden. An Schulen und Hochschulen, im Sozialbereich, in den öffentlichen Ämtern und Parkverwaltungen wurden Tausende von Stellen gestrichen. Die Betroffenen mussten sich am eigenen Schopf aus dem Sumpf ziehen. Und sie setzten sich stattdessen ein für den Erhalt ihrer Stadt als einer sozialen Stadt, also für bezahlbare Mieten, wohnungsnahes Grün, das Zugänglichmachen und den Erhalt wild bewachsener Brachen als Parks und – last but not least – seit 2000 auch für Interkulturelle Gärten.

Allein im Zeitraum von 2004 bis 2014 entstanden in den ethnisch bunt gemischten Nachbarschaften über 60 Gemeinschaftsgärten, getragen in den meisten Fällen durch Bürgerengagement aus den Quartieren. Schnell wurden Interkulturelle Gärten als Mittel der Sozialpolitik entdeckt und manchmal auch bescheiden gefördert. Im Rahmen des »Stadtumbau Ost« entstanden, durch »Soziale Stadt«-Programme, manche Interkulturelle Gemeinschaftsgärten, etwa auf nicht mehr benötigtem Kindergartengelände. 2010 war der Durchbruch geschafft: Seither entstanden neue Stadtgärten als Projekte der urbanen Landwirtschaft im engeren Sinne wie bei Spandau die »Bauerngärten« und am Moritzplatz die »Prinzessinnengärten«, schnell gefolgt von »Meine Ernte«-Höfen und »Solidarischer Landwirtschaft«.

Seither ist klar: Die neue urbane Agrarkultur fördert nicht nur die interkulturelle Integration und befriedet gefährdete Bezirke, sondern schafft sogar einen Teil der dringend benötigten Arbeitsplätze. Die Senatsverwaltung für Stadtentwicklung und Umwelt entwickelte ein neues Programm »produktiver Stadtlandschaften«. Und Bürgerengagement, nicht zuletzt in sichtbar florierenden Allmende-Gärten, führte gar zu einem Volksentscheid, in dem die Berliner sich für den vollständigen Erhalt des Tempelhofer Feldes als Erholungsland mit Stadtteil-Gärten und damit für den Natur- und Klimaschutz entschieden.

Gemeinschaftsgärten sind deshalb so attraktiv, weil nicht nur Künstlerinnen und Philosophen die Idee des *im Gemüse Lebens* aufgreifen und die gute alte Selbsthilfe im Garten als Teil des *Guten Lebens* vorstellen. In den Interkulturellen Gärten stoßen Hiergeborene auf Zugewanderte und stellen einander ihre

Abendliches Gärtnerinnenpicknick

verschiedenen Bewässerungsmethoden und halb vergessenen Gemüsesorten vor. Migranten, Rentner, Erwerbslose sowie Unterbeschäftigte machen in den neuen Gärten aus der Not eine Tugend und laben sich daran, sich endlich wieder einmal körperlich verausgaben und fantasievoll betätigen zu können. Und als kollektive Weiterbildungsprogramme heilen die Gemeinschaftsgärten nicht nur Körper und Seele, sondern arbeiten zugleich an einem besseren Klima, in diesem wie in jenem Sinne. Berlin entpuppt sich so als eine Art Hauptstadt nicht nur von Wissenschaften, Mode und der Schönen Künste, sondern offenbar auch von Überlebenskünstlern, die sich spielerisch und vergnügt auf den kommenden Klima- wie sozialen Wandel einstellen, samt der Notwendigkeit, sich einen Teil der Nahrung wieder selbst anzubauen.

Und das ist nichts Neues. Die wunderbaren Gartenkolonien, die sogar dem innerstädtischen Spaziergänger, etwa gleich am Rande von monoton gestalteten Parks, anregende Blütendüfte bescheren, konnten, nachdem sie von den Sozialreformern der Kaiserzeit vor 1914 vergeblich gefordert worden waren, in den Jahren von Krieg und Nachkriegskrisen realisiert werden. Stellvertretend für diese besondere Tradition Berlins werden in diesem Buch einige wenige Kleingartenkolonien vorgestellt. Die in aller Welt begeistert diskutierte Idee von Gartenstadt-Siedlungen, in denen die Kinder im Grünen aufwachsen und die Familien sich in erwerbslosen Zeiten durch Gemüseanbau selbst helfen können, wurde in den 1920er-Jahren wahrscheinlich weltweit, in besonders umfänglichem Maße aber in Berlin umgesetzt. Dazu entstanden zentrale Schulgärten, die sogenannten Gartenarbeitsschulen, die in Berlin bis heute erhalten geblieben sind und den Schulkindern gartenloser Schulen spannende Lehrstunden im Freien ermöglichen. In den 1980er-Jahren entstanden sowohl im Westteil als auch ab den 1990ern im Ostteil Berlins Kinderbauernhöfe, um den Stadtkindern den Umgang mit Tieren zu ermöglichen. Auch von diesen werden einige hier vorgestellt.

So ähnlich die Grundideen an sich sind, so verschieden sind die einzelnen Gemeinschaftsgärten. Wie kein Blatt dem anderen gleicht, gleicht auch kein Gemeinschaftsgarten dem anderen. Während die einen von Guerilla Gardeners geschaffen wurden, wurden die anderen von Pfarrern oder Sozialarbeiterinnen ins Leben gerufen. Während manche der Interkulturellen Gärten auf gutem unbelasteten Gartenland entstanden, mussten andere mit einem Gelände unfruchtbaren Bauschutts zu Recht kommen. Während die einen rein ehrenamtlich arbeiten, bekamen andere Förderungen und konnten zumindest einen Gärtner auf Stundenbasis anstellen oder eine Gartenkoordinatorin bezahlen. Und aus diesen so verschiedenen Erfahrungen lässt sich lernen.

In diesem Buch werden etwa 60 Projekte des neuen urbanen Gardenings vorgestellt, grob gegliedert nach Bezirken respektive möglichen Radtouren. Die meisten dieser Projekte wurden als Interkulturelle Gärten gegründet und entstanden zunächst wie der Perivoli-Garten in Neukölln-Britz oder der Wuhlegarten in Köpenick in den äußeren Bezirken Berlins, bevor sie nach wenigen Jahren als Nachbarschaftsgärten wie »Rosa Rose« in Friedrichshain, der Kiezgarten in Prenzlauer Berg oder »Bunte Beete« in Kreuzberg auch in der inneren Stadt Einzug hielten. Mit den Gründung Interkultureller Gärten im künftigen Park am Gleisdreieck, dem heutigen Gemeinschaftsgarten »Rosenduft« am Gleisdreieck Ost und dem »Bürgergarten Laskerwiese« entstanden erstmals Gemeinschaftsgärten in Parks. Die Idee ist, dass die Anwesenheit der Gärtner nicht nur für eine besondere biologische Vielfalt sorgt, die mit Blumenpracht und Vogelgezwitscher auch die Spaziergänger erfreut, sondern dass die Gärtner, bis hin zur Pflege, Verantwortung für den Park oder zumindest einen Teil des Parks übernehmen.

Was hier nur marginal gestreift wird, sind die unzähligen grünen Hinterhöfe, die in den 1980er-Jahren wie der Ziegen- oder Hirschhof erst wild entstanden und dann im West- und später auch im Ostteil gefördert wurden. Es entstanden – damals offen zugängliche Freilandlabors und überall wurden Baumscheiben begrünt. In den Großsiedlungen besann man sich zudem wieder vermehrt auf das sozialpolitische Instrument von Mietergärten. In den heißen Berliner Sommern tragen sie fühlbar zu einer angenehmeren Temperierung bei. Jedoch sind diese Formen von für das Stadtklima wichtigen Gärten hier, zumal sie meistens nicht öffentlich zugänglich sind, nicht berücksichtigt, was aber nicht ausschließt, dass Sie sie auf Ihren Gartentouren zumindest streifen können.

Von den hundert Gemeinschafts-Projekten, die das Allmende-Kontor auf der ersten *Berliner Gartenkarte* verzeichnet hat, kann hier nur ein Ausschnitt geschildert werden. Vorgestellt werden vor allem jene Gärten, die entweder weitgehend Ergebnis von ehrenamtlichem Engagement sind und wohl auch länger existieren werden, und pragmatisch vor allem solche, die more or less öffentlich zugänglich sind. Zudem werden, um die Darstellung und die historische wie zukünftige Dimensionen abzurunden, auch die alten »Do-it-yourself«-Projekte (wie z. B. Kleingärten) bis hin zu den neuen Erwerbsgärtnereien oder anderen Cash-Crop-Projekten (wie etwa Bauerngärten) vorgestellt. Last but not least wird selbstverständlich nur vorgestellt, was die Autorin selbst besuchen konnte.

Wie kann man das Buch »Urban Gardening in Berlin« benutzen? Für die historisch Interessierten empfiehlt sich, mit der Geschichte der *Gartenstädte* zu beginnen und die Kapitel in der Reihenfolge Eden, Frohnau, Staaken, Lentzeallee, Neu-Tempelhof, Lindenhof zu lesen. Die *Kleingärten* werden hier durch die Kolonien Am Stadtpark I, Oeynhausen, Rehberge und Bahnlandwirtschaft POG sowie den Landschaftspflegehof vorgestellt. Anzuschließen wäre das Thema *Gartenarbeitsschulen*, in der Reihenfolge der Gartenarbeitsschule Neukölln, Schöneberg, SUZ-Mitte (Scharnweberstraße), Moabit und Friedrichshain.

In den 1980ern entstanden die *Kinderbauernhöfe*, zunächst am Mauerplatz, im Görlitzer Park und in der ufaFabrik neben vielen hier unerwähnten anderen, und später in den 1990er-Jahren der Kinderbauernhof Pinke Panke sowie der Moritzhof. Die ersten *Ökogärten* entstanden am Zehlendorfer Buschgraben oder im Charlottenburger Ökowerk oder als begrünte Straße an der Oderberger Straße. Projekte einer neuen städtischen Agrarkultur im engeren Sinne entstanden mit dem »Gärtnerhof« oder »Hofgrün« und führten später über Bauerngärten und »Meine Ernte«-Höfe hin zu »Tomatenfischen« und zum »SpeiseGut«. Das Museumsdorf Düppel und die Domäne Dahlem oder die Weingärten von Schöneberg bis zum Volkspark Friedrichshain sind Berliner Besonderheiten die einen Besuch wert sind. Die Interkulturellen Gemeinschafts-Gärten entstanden wie oben erwähnt etwa ab dem Jahr 2004.

Zur Wegeplanung ist es empfehlenswert, zusätzlich zu den üblichen Stadtplänen die Berliner Radwegkarte vom BUND heranzuziehen. Sehr empfehlenswert ist auch die Karte der »20 grünen Hauptwege« vom *Fuss e.V.* respektive der Senatsverwaltung für Stadtentwicklung und Umwelt. Und zu guter Letzt gibt die Berliner Gartenkarte, die unter www.gartenkarte.de im Internet zu finden ist, einen guten Überblick. Aktuelle Events der Berliner Gartenszene sind unter www.stadtacker.net verzeichnet. Es gibt übrigens sogar zwei Quartette, die die (auch oft grünen) Berliner Kollektivbetriebe sowie die Gemeinschaftsgärten in Form eines Kartenspiels vorstellen.

Erfolg von Bürgerinitiativen: Park am Gleisdreieck mit Gärten

TOUR 1
Durch das wilde Kreuzberg

1   Park am Gleisdreieck oder die Gärten im Garten

Am Südwesteingang zum Park am Gleisdreieck liegt unter den U-Bahn-Gleisen, die hier hoch gelegt sind, eine besondere grüne Vielfalt: die *Bahnlandwirtschaft POG* als Teil des neuen Parks. POG steht für *Potsdamer Güterbahnhof.* Da die Kolonie auf Eisenbahngelände entstand, ist sie Teil der seit 1910 bestehenden *Bahnlandwirtschaft.* Im Zweiten Weltkrieg zerstört, wurden die damals drei Bahnhöfe am Gleisdreieck nach 1945 aufgegeben. Nachdem die Besatzungsmächte die Gleise abmontiert hatten, lag das Gelände brach, und Bahnarbeiter legten – ohne zu fragen – Gärten an. Das restliche Bahnhofsgelände übernahm die Natur. Als es um 1970 dem Autobahnbau geopfert werden sollte, entstand eine erste Bürgerinitiative, die BI Westtangente, für den Erhalt des Grüns. Später folgten andere »Bü-Inis« wie zuletzt die Aktionsgemeinschaft Gleisdreieck. Über 40 Jahre haben sich Bürger für ein grünes Gleisdreiecksgelände eingesetzt – und ab 2011 konnte der Park am Gleisdreieck schrittweise eröffnet werden. Dabei gelang den Bürgern schließlich sogar der Erhalt der Kleingartenkolonie POG. Die nördliche Hälfte der Gartenkolonie ist in den neuen Park am Gleisdreieck integriert. Die südliche Hälfte soll als eine Art Appendix zum Park ebenfalls erhalten bleiben. Die Kolonie mit ihren verwunschenen Wegen steht Spaziergängern Tag und Nacht offen. Ein kleines Café namens *Eule* liegt an dem sogenannten *Dorfplatz*, der von zwei Wildwuchswäldchen lauschig eingefasst ist. Gegenüber sind die ersten Gemeinschaftsbeete des Projekts *Gärten im Garten* entstanden. Und so ist der Platz mit dem Café eine *der* Attraktionen des Parks.

Seit der Wende gab es Streit um die Gartenkolonie, da sie dem Sport geopfert werden sollte. Aber in diversen Bürgerinitiativen zusammengeschlossene Anwohner setzten sich dafür ein, dass das Gelände erhalten blieb. Zeitweilig sah es so aus, als könnte das nicht gelingen, weshalb viele ältere Gärtner ihre Parzellen aufgaben. Ihre Gärten wurden von Jüngeren, Lehrerinnen, Künstlern oder Journalisten übernommen, die sich, kaum hatten sie eine Parzelle, dafür einsetzten, dass die Kolonie blieb. Sie taten sich mit der Aktionsgemeinschaft

Park am Gleisdreieck und die wilden Kleingärten der POG

Projekt *Gärten im Garten*

Gleisdreieck zusammen und nahmen Kontakt zu den Berliner Gartenaktivisten auf. Schließlich kam es zu einem Runden Tisch, an dem Senatsverwaltung, Bezirk und Planer mit den gewählten Bürgervertretern gemeinsam über die Parkgestaltung entschieden.

Schlussendlich konnten die Bürger durchsetzen, dass die Kleingärten in den Park integriert wurden. Der Kompromiss war, dass die nördliche Hälfte der Kleingartenkolonie nach und nach in Gemeinschaftsgärten verwandelt werden sollte. Ein Teil des Wäldchens wurde zu einem Naturerlebnisraum für Kinder. Eine zweite Birkenwaldinsel erhalten die Kleingärtner in Eigeninitiative und haben so als Pächter des Geländes auch die Gestaltungsrechte. Die Kleingärtner mauserten sich über den langen Prozess der Bürgerbeteiligung zu einer äußerst aktiven Gruppe, die mittels *Festmärkten,* Saatgutfesten und Künstlerevents die Öffentlichkeit an ihrem Laubenpieperglück teilhaben lässt.

Kleingartenkolonie POG im Park am Gleisdreieck

Bülow-, Ecke Dennewitzstraße, 10783 Berlin-Schöneberg
www.pog-berlin.de
Träger: Bahn-Landwirtschaft e.V. Bezirk Berlin
Anfahrt: U2 (Bülowstraße), S1, S2, S25 (Yorckstraße), Bus M19 (Dennewitzplatz)
Kontakt: 030-770 294 71, pog@wir-bleiben.de
Öffnungszeiten: Zugang jederzeit möglich

2   Rosenduft im Park

Am östlichen Rand des Parks am Gleisdreieck liegt der Interkulturelle Garten Rosenduft. Er ist der erste Gemeinschaftsgarten in einem Berliner Stadtpark. Er verdankt seine Existenz einer ganzen Kaskade von Bürgerinitiativen, die sich für die Möglichkeit, in Parks gärtnern zu können, einsetzten. Das Ökowerk am Teufelssee und die AG Kleinstlandwirtschaft schufen 2005 erste Schau- und Anwohnergärten, wo sie neben anderem die Migrationsgeschichte unserer Nahrungspflanzen zeigten. Heute ist der Garten Rosenduft eine bunte Oase, in der etwa 70 Menschen tätig sind. Den Kern bildet eine Gruppe bosnischer Kriegsflüchtlinge.

Geleitet wird der Garten von Begzada Alatović, einer studierten Agraringenieurin. Sie hält den Gemeinschaftsgarten für Interessierte offen. Dabei helfen ihr junge Freiwillige und ehrenamtliche Mitarbeiter des Vereins Südost Europa Kultur e.V. Begzada Alatović ist seit 2006 eine der wenigen Koordinatorinnen in Berliner Gemeinschaftsgärten, die sich hauptamtlich um einen Garten kümmern können. Als Hauptamtliche hat Begzada Alatović auch Zeit, die vielen jungen Praktikantinnen einzuarbeiten, wozu den ausschließlich ehrenamtlich Aktiven in den meisten Gemeinschaftsgärten die Zeit fehlt. Zusammen mit den durch den Krieg traumatisierten Frauen entwickelten die Aktiven des Südosteuropa-Kultur-Vereins neue Gruppentherapieformen, worin der Garten ein wesentliches Element wurde. Heute ist unumstritten, dass Gärten ein wichtiges Instrument in der Traumatherapie sind.

Die Parkbesucher sind eingeladen, das Tor zu öffnen und zwischen den Beeten herumzuwandern. Die Ernte allerdings mögen sie jedoch bitte denjenigen überlassen, durch deren Pflegearbeit die Pflanzen wachsen und gedeihen. Ent-

Der »Lange Tag der Stadtnatur« im Interkulturellen Garten Rosenduft

In den Sommerferien hilft der Imker beim Wässern

lang des Zauns wuchert die bosnische Rose, die Namensgeberin des Gartens. Aus ihr wird Rosenwasser hergestellt. Daraus macht man in Bosnien-Herzegowina ein erfrischendes Sommergetränk, einen Saft, der *Šerbe* (sprich: *scherbe*) heißt. Auch andere mitgebrachte Pflanzen, wie etwa die Okra, eine Hibiskus-Pflanze, die in Bosnien weit verbreitet ist, aus Westafrika stammt und ein bohnenartig zu verwendendes Gemüse hervorbringt, erinnern die Flüchtlinge an die glücklichen Stunden in ihren großen Gärten vor dem Krieg. Sie betrieben in der Heimat fast alle die im Vorwende-Osteuropa übliche Subsistenzlandwirtschaft, auch wenn sie in Städten lebten. Den Verlust dieser Gärten kann der Gemeinschaftsgarten am Gleisdreieck zwar nicht ersetzen, aber er hilft beim Wurzelschlagen in der Fremde. Mit ihren imposanten, zwei Meter hohen Bohnen sind die kleinen Gemüsebeete ein Beweis, wie wenig Platz bestens genutzt werden kann. Zunehmend konsequenter wird nach den Regeln des ökologischen Landbaus gearbeitet. Gezieltes Kompostieren, das Halten von Bienen, der Gebrauch von Mulch und die eigene Saatgutvermehrung gehören zu den Essentials.

Interkultureller Garten Rosenduft
Möckernstraße 26, 10963 Berlin-Kreuzberg
Träger: Südost Europa Kultur e.V.
Anfahrt: S1, S2, S25 (Yorckstraße), U1, U7 (Möckernbrücke)
Kontakt: begzada.altovic@suedost-ev.de
Öffnungszeiten: in der Saison Montag bis Samstag nach Absprache

3 Prinzessinnen in Kreuzberg

Am viel befahrenen Moritzplatz, einer Gegend mit einer bis heute überdurchschnittlich armen Bevölkerung, finden wir als eines der neuen Highlights Berlins den Prinzessinnengarten. Er wurde 2009 von zwei jungen Männern, Robert Shaw und Marco Clausen, auf einem 6 000 Quadratmeter großen Trümmergrundstück gegründet. Die Anregung zum Namen ihres Gartenprojekts erhielten sie von der östlich angrenzenden Prinzessinnenstraße. Da man auf dem Grundstück, auf dem früher ein Kaufhaus stand, nicht in die Erde gehen konnte, begannen sie nach kubanischem Vorbild ihr Gemüse in Kisten zu kultivieren.

Da die beiden Gründer ihrem Vermieter, dem Liegenschaftsfond des Landes Berlin, versprechen mussten, auf Zuruf wieder abzuziehen, nannten sie ihre Firma sicherheitshalber gleich *Nomadisch Grün* und machten das in Kisten-auf-Paletten-Gärtnern zu ihrem Markenzeichen.

Als gemeinnützige GmbH sind sie einer der ersten neuen Gärten, der seine Betreiber auch ernährt. Die Starthilfe durch Freiwillige war überwältigend. Auf Aufrufe im Internet, bei den ersten Entrümpelungstreffen zu helfen, kamen unglaublich viele junge Leute, und ähnlich groß war auch die Bereitschaft der benachbarten Firmen, zu helfen. Die Bäckerei *Märkisches Landbrot* schenkte dem Garten alte Bäckerkisten und die Fachhochschule Eberswalde half mit ihrem Fachwissen bei dem systematischen Aufbau der Hochbeete mit Grobschnitt, Feinschnitt, Kompost und Erde. Der *Berliner Büchertisch*, eine Art Weitervermittlungsstelle für nicht mehr benötigte Bücherschätze auf der Basis von Schenkungen, überließ ihnen ihre schönsten Gartenbücher und so haben Gartenbesucher bei Regen unterm Zeltdach die passende Lektüre zur Hand. In recycelten Seecontainern aus Hamburg wurden Getränkeausschank, Küche sowie Toiletten eingerichtet.

Das Gartencafé und die Kochgruppe, die bei schönem Wetter Lunch-Angebote offeriert, machten die Prinzessinnengärten schnell ungeheuer populär. Dabei half dem Cafébetrieb an heißen Sommertagen auch der schattenspendende

Samentauschbörse im Prinzessinnengarten

Prinzessinnengarten

Kochen und Speisen im Prinzessinnengarten

Spontanaufwuchs von Robinien, ebenso wie die vor einigen Jahren von dem ehemaligen Regierenden Bürgermeister Walter Momper gepflanzte Linde.

So kam es, dass sich bald beispielsweise Künstler anmeldeten, um das Gelände mit kuriosen Bauten auszustatten, und immer mehr Projekte kamen, um das Grundstück mitzunutzen, wie Fahrradwerkstatt und Kompostgruppen. Dem Staudengärtner Matthias Wilkens wurde im Tausch gegen sein Fachwissen eine Ecke vom Grundstück überlassen. Die Prinzessinnengärten wurden gebeten, bei der Rettung der Markthalle IV mitzumachen, sie wurden wieder und wieder gefilmt und mitsamt ihren Gemüsekisten sogar ins Theater geholt. Vor allem aber machte sich das Fachwissen vom Gärtnern in Gefäßen bald bezahlt. Die beiden Gründer verdienen ihr Geld heute vor allem mit Workshops zum *Containergardening* sowie beim Neueinrichten von Gärten in Schul- und Hinterhöfen. Das Gärtnern in recycelten Kisten avancierte zum Merkmal sui generis des *Urban Gardenings* überhaupt.

Prinzessinnengarten

Prinzenstraße 35–38, 10969 Berlin-Kreuzberg
www.prinzessinnengarten.net
Träger: Nomadisch Grün gGmbH
Anfahrt: U8 (Moritzplatz)
Kontakt: kontakt@prinzessinnengarten.net
Öffnungszeiten: im Sommer täglich ab 10 Uhr

4 Ponys am Luisenstädtischen Kanal

Der Eingang zum ältesten Kinderbauernhof Berlins liegt an der Adalbertstraße, eben dort, wo sie an den Luisenstädtischen Kanal stößt. Hier stand bis 1989 die Mauer, daher der Name »Kinderbauernhof am Mauerplatz«, der auf einer Brache entstand. Während auf der Koppel drei Ponys und ein Esel dösen, scharren im schattigen hinteren Teil die Hühner, schnattern die Enten und blöken ein paar Schafe. Am Eingang sitzen am runden Lehmhaus auf der Veranda mit ihren Arbeiten beschäftigt eine der Gründerinnen und ihre Helfer.

Der Kinderbauernhof entstand 1981 als Selbsthilfeprojekt. Damals wurden die jungen Mütter, die ihn für ihre Kinder ins Leben riefen, vom Bezirksamt verdächtigt, zu den Hausbesetzern zu gehören, und natürlich gab es auch Verbindungen. Da die Gruppe das Grundstück jedoch beharrlich von Müll und Schutt befreite, ließ man sie gewähren. 1987 wurde ein Teil der Fläche seitens des Amtes abgeholzt. Dort sollte ein Kindergarten entstehen. Als das Gebäude während des Bauprozesses abbrannte, fiel das Gelände wieder brach. Später wurde es erneut vom Kinderbauernhof übernommen und ist heute der Weidegrund für die Schafe.

Wie die anderen Kinderbauernhöfe der Stadt versteht sich auch der am Mauerplatz als offener Spiel- und Lernort und wird von vielen Kindergruppen und Schulklassen über die Bezirksgrenzen hinweg genutzt. Morgens kommen die Kindergärtnerinnen mit ihren kleinen Scharen. Die Kids lernen die Tiere kennen, erfahren wie das Futter angebaut wird und erleben auf diese Weise anschaulich ökologische Kreisläufe. Zugleich lernen sie, Verantwortung für sich und ihre Umwelt zu übernehmen. Die Betreiberinnen des Kinderbauernhofs leisten selbstlos eine vorzügliche integrative Arbeit in ihrer ethnisch bunt

Ältester Kinderbauernhof Kreuzbergs am Mauerplatz

Freiwillige bei Säuberungsaktion

zusammengesetzten Nachbarschaft. Denn hier treffen sich die Mütter, egal ob sie mit ihren Kindern türkisch, arabisch oder deutsch sprechen. Spezielle pädagogische und ökologische Gartenprojekte, wie ein Naturlehrpfad oder das im Jahr 2001 entstandene Solarcafé, brachten neues Leben und ein wenig Geld in den Kinderbauernhof, schliefen jedoch später mangels kontinuierlicher Förderung wieder ein. Immerhin erhält der Kinderbauernhof noch immer Helfer von den Sozial- oder Arbeitsämtern oder Praktikanten und viele von ihnen arbeiten ausgesprochen gerne hier. Die Aktiven sind miteinander im Landesverband der Kinderbauernhöfe und Abenteuerspielplätze vernetzt. Das Beste wäre, empfiehlt die Stadtgeografin Marit Rosol in ihrer Studie zu Berliner Gemeinschaftsgärten, dass Berlin dieses nunmehr 40-jährige Bürger-Engagement durch die dauerhafte Finanzierung von ein oder zwei festen Stellen würdige. Tierfreunde können überdies durch die Übernahme einer Tierpatenschaft helfen.

Kinderbauernhof am Mauerplatz

Adalbertstraße, Ecke Bethaniendamm, 10999 Berlin-Kreuzberg
www.kbh-mauerplatz.de
Träger: Kinderbauernhof am Mauerplatz e.V.
Anfahrt: U1, U8 (Kottbusser Tor), Bus 140 (Waldemarstraße/Adalbertstraße),
Bus 147 (Adalbertstraße)
Kontakt: 0174-403 79 17, info@kbh-mauerplatz.de
Öffnungszeiten: Donnerstag bis Dienstag 10 bis 18 Uhr, im Spätherbst 10 bis 17 Uhr

5   Ein Baum für La Via Campesina: Ton, Steine, Gärten

Ebenfalls am Luisenstädtischen Kanal und westlich vom heutigen Künstlerhaus Bethanien blüht wuchernd der Gemeinschaftsgarten *Ton, Steine, Gärten*. Der Name erinnert an die bekannte Musikgruppe *Ton, Steine, Scherben*, deren Mitglieder im benachbarten Georg-von-Rauch-Haus zuhause waren. Heute ist der Garten zusammen mit dem Kinderbauernhof am Mauerplatz, dem Luisenstädtischen Kanal und dem Mariannenplatz eine grüne Oase, in der die Kreuzberger aus der dichtbevölkerten Gegend rund um das Kottbusser Tor aufatmen können. Der Garten umfasst kaum mehr als 2 100 Quadratmeter und wirkt klein neben dem in dieser Gegend wenig funktionalen, dem Garten vorgelagerten »Stadthain«, bestehend aus Bäumen auf rasenlosem Tennenbelag.

Der Garten entstand, nachdem die Grünflächen rings um das heutige Künstlerhaus Bethanien jahrelang ungepflegte Brachen waren, mit denen der Bezirk nicht so recht etwas anzufangen wusste. Obschon der Bezirk der Idee eines Gemeinschaftsgartens nicht abgeneigt war, musste die Gartengruppe jahrelang um die Fläche kämpfen. Schließlich fiel das Gartenland nur halb so groß aus wie versprochen. Warum? Weil das Anlegen eines repräsentativen Stadthains auf der anderen Hälfte der Fläche mehr her machte oder für die Landschaftsplaner lukrativer war? Den Gemeinschaftsgärtnern wurde zudem die Einfriedung ihrer Fläche und sei es mit fruchttragenden Büschen untersagt. Gemüseanbau bedeutet oft mühselige Handarbeit und deshalb werden Gemüsegärten mit schützenden Hecken umgeben, um den Wildfraß einzudämmen und um Haustier- oder Kinderunfug sowie erwachsene Langfinger auf Abstand zu halten. Im Übrigen kommen die gemeineuroasiatischen Wörter *Garten*, lat. *Hortus* von *Hurt* oder

Gemeinschaftsgarten Ton, Steine, Gärten

Saatguttausch am La Via Campesina-Tag

Hag in Verbindung mit dem Verb *hegen* (hüten, pflegen). Sie meinen im gesamten indogermanischen Sprachraum immer ein Stückchen *eingefriedetes* Land.

Das Besondere von *Ton, Steine, Gärten* ist sein politisches Engagement. Seit mehreren Jahren hält der Garten den Kontakt zum weltweiten Netzwerk der Kleinbauern *La via Campesina*. La via Campesina, d. h. *der bäuerliche Weg*, ist eine weltweite Organisation, die als Reaktion auf die Neoliberalisierung der Landwirtschaftspolitik mit Gründung der *World Trade Organization* am 1. Januar 1995 entstand. Jedes Jahr wird am 17. April der weltweite La-via-Campesina-Aktionstag in Berlin von *Ton, Steine, Gärten* maßgeblich mitorganisiert. Den Gründern des Gartens geht es um das Recht auf Selbstversorgung auch in Städten. Zu niedrige Renten könnten manche durch Gemüseanbau selbsttätig ausgleichen und sich dergestalt den Gang zum Sozialamt ersparen. Einmal wurde sogar ein Bäumchen für die Kleinbauern gepflanzt, aber im Areal außerhalb des Gartens. Das dufte nicht sein und das Bäumchen musste umgesetzt werden.

Ton, Steine, Gärten am Mariannenplatz

Bethaniendamm, 10997 Berlin-Kreuzberg
www.gaerten-am-mariannenplatz.blogspot.de
Träger: Ton, Steine, Gärten e.V.
Anfahrt: U1, U8 (Kottbusser Tor), Bus 147 (Adalbertstraße)
Kontakt: 030-612 850 03, tonsteinegaerten@gmx.de
Öffnungszeiten: Zugang jederzeit möglich, Treffen jeden zweiten Montagabend

6   Die Bunten Beete vom Wrangelkiez

Der älteste der Interkulturellen Gärten Kreuzbergs liegt versteckt am Rande des großen grünen Schulgeländes zwischen Wrangelstraße und Köpenicker Straße. Man besucht ihn über das große Tor in der Zeughofstraße, das offensteht, solange die Hausmeister im Dienst sind. Am Ostrand des Grundstücks findet sich hinter Büschen der halbhohe Zaun des Gartens; die Gartentür steht jederzeit offen.

Interkulturelle Gärten sind Gemeinschafsgärten. Zwischen den kleinen Beeten der einzelnen Gärtnerinnen und Gärtner gibt es keine Zäune. Blumenbeete und Rasen werden von Menschen, die fliehen mussten, anderen Migranten und Hiesigen zusammen gepflegt. So kann das »Wurzelnschlagen in der Fremde« erleichtert werden.

Von den Gründern hatte sich u. a. die Künstlerin Ulrike Solbrig während ihrer Zeit in New York City mit Community Gardens beschäftigt und Oliver Ginsburg schrieb seine Diplomarbeit über den Kinderbauernhof am Mauerplatz. Bereits 2003 gründete sich die *Initiative Interkulturelle Gärten Friedrichshain-Kreuzberg* und kam unverhofft schnell zu einem Grundstück. Die Gruppe des Gemeinschaftsgartens Bunte Beete konnte dank der neuen Berliner Politik Schulhöfe nachmittags für die Nachbarschaft zu öffnen, bereits 2004 loslegen. Der Bau eines eigenen Brunnens und das Aufstellen des Zauns sowie die Pflanzungen der ersten Gehölze und die Anlage der ersten Beete wurden aus EU-Mitteln zur Begrünung offener Schulhöfe gefördert. Eine Handwerkerinnen-Gruppe baute eine offene Holzlaube, die Schutz vor Regen und Sonne bietet.

Auf den 23 Parzellen wirtschaften die meisten Gärtnerinnen und Gärtner in kleinen Grüppchen. Alle anderen Flächen werden gemeinsam genutzt und

Interkultureller Garten Bunte Beete ...

... im Schulhofgelände hinter der Handelsschule an der Wrangelstraße

gepflegt wie etwa der kleine Rasen als Picknickplatz. Laut Satzung geht es der Gruppe darum, »Fremdenhass zu vermindern und das Bewusstsein für unsere gemeinsamen Lebensgrundlagen zu stärken«. Aber es sind eher binational liierte Studierte als Dorffrauen mit Migrationshintergrund, die hier heute gärtnern. Klar ist, dass nach den Regeln des biologischen Landbaus gearbeitet wird und der Garten zum Erhalt der Biodiversität beiträgt, indem samenfestes Saatgut von ökologischen Erzeugern genutzt und später nach Möglichkeit auch selbst vervielfältigt wird. Der 2008 geschlossene Vertrag des *Bunte Beete e. V. Interkultureller Garten Kreuzberg* mit der Senatsverwaltung für Bildung, Wissenschaft und Forschung und der Schulverwaltung des Oberstufenzentrums Handel 1 (OSZ) garantiert eine dauerhafte Nutzung der Fläche. Mit dieser Aussicht auf Dauernutzung ist der Interkulturelle Garten Bunte Beete übrigens eine Ausnahme unter den Projekten des urbanen Gardenings in Berlin.

Bunte Beete
Zeughofstraße 24, 10997 Berlin-Kreuzberg
www.buntebeete.wordpress.com
Träger: Bunte Beete e.V. Interkultureller Garten Kreuzberg
Anfahrt: U1 (Schlesisches Tor), Bus 165, Bus 265 (Eisenbahnstraße)
Kontakt: 030-615 81 73, buntebeete@gmail.com
Öffnungszeiten: solange das Schulgelände offen ist, regelmäßige Treffen jeden ersten Sonntag im Monat ab 13 Uhr

7   Kinderbauernhof mit Garten

Hinter Büschen verborgen finden die Besucher mitten im Park auf dem ehemaligen Görlitzer Bahnhof einen Kinderbauernhof. Unter lichten Bäumen grasen ein paar Schafe, Ziegen, zwei Esel. Auch Katzen, Kaninchen, Meerschweinchen, Enten und Hühner sind hier zuhause. Gänse planschen im kleinen Pfuhl und ein paar Schweine vervollständigen die Bewohnerschaft. Seit 2009 verströmt zudem ein mitten im Gelände liegender kleiner, aber feiner Interkultureller Gemeinschaftsgarten des *Türkischen Umweltzentrums* sanfte Minzedüfte. Anheimelnd wirkt das kreisrunde Lehmhaus, in dem die Betreibergruppe mit den Kindern kocht und bastelt, sich trifft und nicht selten sogar Kaffee ausschenkt. Der Raum wird abends zudem befreundeten Initiativen wie etwa *Transition Town Kreuzberg* überlassen. Nicht zum Schaden des Görlitzer Parks, denn die *Transition-Town*-Leute waren maßgeblich an der *Initiative Obstbäume für den Görli* beteiligt. Setzten die Bäume und pflegen sie bis heute.

Der Kinderbauernhof wird seit über 30 Jahren von einer Gruppe Ehrenamtlicher betrieben, die sich jeden Mittwoch treffen, um die Arbeit zu organisieren. Als einer der wenigen Kinderbauernhöfe im ehemaligen Westberlin verfügte er als einziger zeitweilig über zumindest eine bezahlte Halbtagskraft. 2002 übernahm der Verein *MUT e. V.* (= *Mensch-Umwelt-Tier*) die Finanzierung der Stelle eines Erziehers. Dank umfänglicher Vernetzung mit sozialpädagogischen und umweltpolitischen Initiativen konnten auch die notwendigen Zaun- und Stallreparaturen durchgeführt werden. Heute besteht die Gruppe der Aktiven aus fünf Vollengagierten. Ihnen ist es zu verdanken, dass der Kinderbauernhof weitgehend offen und zugänglich ist. Im Gegensatz zum Kinderbauernhof am

Schafe und Interkultureller Garten im Kinderbauernhof im Görli

Erfolg von Bürger-Inis: Görlitzer Park

Mauerplatz wurde diese Gruppe aber immerhin anfangs durch die Finanzierung der erwähnten halben Stelle unterstützt. Das ist nicht ungewöhnlich, unterhält der Bezirk Neukölln doch mit Hilfe eines gemeinnützigen Beschäftigungsträgers im Volkspark Hasenheide (Hasenheide 82) sogar einen ganzen kleinen Tierpark.

Die KiBa-Gruppe im Görli bietet an bestimmten Wochentagen Workshops mit den verschiedenen Tieren an und führt die Kinder gezielt in den Umgang mit den Eseln oder den Kaninchen ein. An Samstagen wird mit den Kindern zusammen gekocht, gemalt oder ihnen wird bei den Schularbeiten geholfen. Als die extreme Sparpolitik, der die Bezirke seit den 1990er-Jahren unterliegen, die Kinderbauerhöfe in Not brachte, gründete die Betreibergruppe nicht nur den Förderverein, sondern bietet seitdem auch Tierpatenschaften an. Menschen, die die Unterhaltskosten für ein Tier übernehmen, dürfen als sogenannte *Tierpaten*, ihr Tier zu bestimmten Zeiten striegeln, reiten, scheren oder mit ihm schmusen.

Kinderbauernhof im Görlitzer Park
Wiener Straße 59b, 10099 Berlin-Kreuzberg
www.kinderbauernhofberlin.de
Träger: Kinderbauernhof auf dem Görlitzer e.V.
Anfahrt: U1 (Görlitzer Bahnhof)
Kontakt: 030-611 74 24, goerlikinderbauernhof@gmx.de
Öffnungszeiten: im Sommer Montag, Dienstag, Donnerstag und Freitag 10 bis 19 Uhr, Samstag und Sonntag 10 bis 18 Uhr, Winteröffnungszeiten am besten erfragen

Kinderbauernhof im Görlitzer Park

8   Hofgrün am Kreuzberg

Am Osthang des Viktoriaparks auf dem Kreuzberg befindet sich das Gelände der ehemaligen Bezirksgärtnerei. Seit Mitte der 1980er-Jahre wirtschaftet hier der ökologische Gartenbaubetrieb *Hofgrün*. Das Land mit seinen 5 000 Quadratmetern gehört dem Bezirk Friedrichshain-Kreuzberg und ist im Bebauungsplan als Grünland eingetragen. Die hohen Pachtkosten teilt sich Hofgrün mit einem Verein für integrative Angebote, der Menschen mit Handicaps beschäftigt. In dem auf demselben Grundstück liegenden Kreuzberger Weingarten mit 300 Rebstöcken wird der berühmte »Kreuz-Neroberger« gezogen. Es handelt sich um den ersten der neuen Weingärten Berlins, gegründet im Jahr 1968.

Die Gärtnerei Hofgrün wurde 1984 von vier Studenten des Garten- und Landschaftsbaus gegründet. Sie fingen zunächst im väterlichen Betrieb im Süden Berlins an, zogen später in die Dresdener Straße 116 und bekamen dann die alte Gärtnerei am Kreuzberg. Heute führen die Gründungsmitglieder Jörg Hinz und Manfred Schmidt den Betrieb und beschäftigen drei Angestellte, einen Auszubildenden und bis zu drei Praktikanten.

Die Gewächshäuser beherbergen im Winter die Pflanzen, die keine Kälte ertragen können. Die Hauptsaison beginnt ab etwa Mitte März und geht bis zu den Sommerferien. Danach ist die Gärtnerei offiziell nur noch eingeschränkt freitagnachmittags geöffnet. Die Haupteinnahmequelle für den Betrieb ist der *GaLa*, also der *Garten-Landschaftsbau*, mit anderen Worten das Neueinrichten von grünen Hinterhöfen oder Gärten. Der Staudenverkauf bringt wenig ein, der Verkauf von Setzlingen, also Jungpflanzen, fast nichts. Deshalb ist es gut, dass man sich die Fläche mit dem erwähnten Beschäftigungsträger für Menschen mit

Jungpflanzenverkauf im Hofgrün ...

... am Ostabhang des Kreuzbergs

Handicaps teilen kann, der auf der anderen Hälfte des Grundstücks arbeitet. Die Behinderten ziehen in den Gewächshäusern die Gemüse- und Zierblumen-Setzlinge und helfen beim Kompostieren.

Der Bund für Naturschutz BUND hat Vogelbeobachtungsstationen aufgestellt und es gibt zwei Imker auf dem Grundstück. Alljährlich finden im Rahmen der *open air Galerie am Weinberg* Ausstellungen statt. Erwähnenswert ist auch, dass der Garten einen hohen Beitrag zur Biodiversität leistet: Die Gärtner ziehen 120 verschiedene Arten. Die Naturschützer vom BUND sind begeistert von der Vielfalt der Vögel, sogar ein Uhu lebt hier. Füchse gehen in der Gärtnerei schon fast so selbstverständlich ein und aus wie frei lebende Katzen. So wird es verständlich, dass – wie man sich so erzählt – ein grüner Bürgermeister einmal noch am Tag vor der Wahl den Pachtvertrag höchstpersönlich verlängerte.

Gärtnerei Hofgrün Berlin

Methfesselstraße 10 –12, 10965 Berlin-Kreuzberg
www.hofgruen.de
Träger: hofgrün berlin GmbH
Anfahrt: U6, U7 (U-Mehringdamm), U6 (Platz der Luftbrücke)
Kontakt: 030-786 30 18, hofgruen@freenet.de
Öffnungszeiten: Mitte März bis Ende Juni Montag bis Freitag 14 bis 18 Uhr, Samstag 10 bis 13 Uhr, im Herbst Freitag 14 bis 18 Uhr

Rote Bete im Wedding

TOUR 2
Vom Citygarten durch
Moabit in die Rehberge

9 Wachsenlassen im Citygarten

Zwischen der Jugendherberge in der Kluckstraße und dem Magdeburger Platz liegt ein Familiengarten: 8.000 Quadratmeter Nachbarschaftsgrün für alle. Eingekuschelt zwischen hohen Birken findet sich eine große Wiese mit Lehmbackofen und Feuerstelle. Vorne im Miniwäldchen ein wildbunter Garten samt Baumhaus: das Gemeinschaftsgartenprojekt *Wachsenlassen*. In der hinteren Ecke grünt hinter einer kleinen Buchenhecke mit Türchen der Interkulturelle City-Garten. Auf dem 900 Quadratmeter großen Gelände wird Gemüse angebaut: Schwarzkohl, Sauerampfer und Spinat, nebst Goldlack, Phlox und Rosen.

»Ein bisschen einseitig!«, findet Fatma, die mir die Namen aller 39 mitgärtnernden Frauen nennen kann. Sie wünscht es sich noch vielfältiger und hat auf dem Rasenstückchen vor ihrem Beet einen Rosenbogen und eine Weinlaube errichtet. In einer Steinschale schwimmt eine Plastikente. Früher befand sich auf dem Gelände ein Kindergarten, dann übernahm ein freier Träger der Jugendarbeit, *FiPP e.V.* (= Fortbildungsinstitut für die pädagogische Praxis), Platz und Gebäude. Zusammen mit dem Stadtteilverein Tiergarten Süd gelang es dem *FiPP*, über das Quartiersmanagement Mittel aus dem Programm *Soziale Stadt* zu requirieren. So konnte das Gelände den Familien der Nachbarschaft zugänglich gemacht werden. Vorher war es verwahrlost und wurde von Drogenhändlern, Zuhältern und Prostituierten genutzt. Die Neugestaltung der Grünanlage sowie der über Fördermittel finanzierte Hausmeister bewirkten Wunder.

In der Anlage gibt es u. a. eine Kinderfreizeiteinrichtung des *FiPP*, Seminar- und Beratungsräume sowie Büros, die sich für die Rechte von Lesben, Schwulen, Bi- und Transsexuellen (LSBT) einsetzen. Eines der Gebäude wird vom Stadtteilverein mit einem Nachbarschaftstreff bewirtschaftet und dient einem Jugendhilfeträger. Die unterschiedlichsten Gruppen treffen sich hier: Nachhilfezirkel, eine türkische Frauenrunde, eine Tai-Chi-Gruppe, die syrisch-orthodoxe Gemeinde und andere. Die Initiatorin und Betreuerin des Interkulturellen Gartens, Barbara Tennstedt, war Geschäftsführerin des *FiPP* und ist heute ehrenamtliches

Citygarten mit sehr viel Schwarzkohl

Baumhaus von Wachsenlassen

Vorstandsmitglied. Bei der Entstehung des Citygartens setzte sie sich dafür ein, dass mit den Gärtnerinnen gemeinsam überlegt wurde, wie ein Nachbarschaftsgarten am besten anzulegen sei. Der Unkostenbeitrag für die Gärtnerinnen ist mit 20 Euro pro Jahr sehr gering, die Warteliste ist lang.

Das Projekt *Wachsenlassen* begann ebenfalls 2010. Es wird aus Mitteln des Bundesprogramms *Soziale Stadt* gefördert. Die Initiatorinnen gärtnern vor allem mit den Kindern aus zwei Kindertagesstätten. Die Kinder werden so spielerisch an gesunde Ernährung herangeführt und lernen, wie Gemüse angebaut werden kann. Zum Jahresende basteln die Kinder dann beispielsweise aus Abfall bunte »Schutzgeister«, die die Pflänzchen beschützen sollen. Den Aktiven von Wachsenlassen gelang sogar die Re-Animation der benachbarten kleinen Stadtbibliothek, die sich zu einer grünen Bibliothek mit Samentauschbar mauserte.

Wachsenlassen und Citygarten

Kluckstraße 11, 10785 Berlin-Tiergarten
www.wachsenlassen.wordpress.com
Träger des Citygartens: FiPP e.V.
Träger von Wachsenlassen: Stadtteilverein Tiergarten Süd e.V.
Anfahrt: U1 (Kurfürstenstraße), Bus M29 (Gedenkstätte Deutscher Widerstand), Bus M48, Bus M85 (Lützowstraße/Potsdamer Straße)
Kontakt Citygarten: batema@snafu.de, Kontakt Wachsenlassen: gakoll@gmx.de
Öffnungszeiten: Zugang jederzeit möglich

10 Schulgarten Moabit

Von außen wirkt sie wie eine zugewucherte Brache, die kleinste der Gartenarbeitsschulen Berlins. Der Schulgarten Moabit, wie er mit lokalem Namen heißt, umfasst nur 8 000 Quadratmeter. Das Festprogramm zum 60. Geburtstag des Gartens im September 2011 beinhaltete auch einen Zeitzeugenpavillon mit einer kleinen Ausstellung, Einblicke in Imkerei und Baumpflanzung sowie »Unterricht im Garten«. Lokalpatriotisch wurde bei der Gelegenheit übrigens auf das Fest der *Mietergenossenschaft Unionplatz Tiergarten* hingewiesen, das anlässlich der Feiern zur 150-jährigen Eingemeindung von Moabit in den Bezirk Tiergarten schräg gegenüber stattfand. Heute gehören beide ehedem selbstständigen Bezirke zum Großbezirk Berlin-Mitte. Der Streit um den Namen geht aber weiter. Während man im Bezirksamt darauf besteht, dass es sich um die Gartenarbeitsschule Tiergarten (als heute ein Teil vom Schulumweltzentrum Mitte) handelt, beharren die Aktiven vom örtlichen *Moabiter Ratschlag* darauf, den grünen Dschungel Gartenarbeitsschule Schulgarten Moabit nennen zu dürfen. Sie sind stolz auf den Vertrag mit dem Bezirk, der ihnen die Mitnutzung des Geländes garantiert. Der Moabiter Ratschlag ist eine alteingesessene Bürgerinitiative im Bezirk, die sich in den 1970er- und 1980er-Jahren gegen den Verfall zur Wehr setzte und heute als Träger von Sozialprojekten arbeitet.

Während an Vormittagen das *Schulumweltzentrum Mitte* Lehrern anbietet, hier mit ihren Kindern zu gärtnern, ist das Gelände nachmittags dank der Aktiven vom Moabiter Ratschlag ebenfalls oft geöffnet. Die Ratschlag-Leute versuchen, die Kinder durch künstlerische und spielerische Angebote in den Garten zu locken. Oder sie arbeiten mit Behinderten zusammen.

Festzuhalten ist, dass in einem armen Quartier wie Moabit jedes Bürgerengagement und jede gelungene Kooperation zwischen Bezirk und Bürgern hilft. Denn in Berlin mittenmang – wie der Berliner seit hugenottischen Zeiten gerne sagt – wohnen viele Menschen ohne Arbeit. Jugendliche mit Migrationshintergrund finden oft keine Ausbildungsstellen. Daher macht jedes Zusatzangebot, sich praktisch betätigen zu können, Sinn. »Bezirk« ist in Berlin übrigens die Bezeichnung für die kommunale Ebene.

Gartenarbeitsschule Tiergarten

Birkenstraße 35, 10551 Berlin-Moabit
www.moabiter-ratschlag.de/schulgarten-moabit
Träger: Moabiter Ratschlag e. V.
Anfahrt: U9 (Birkenstraße), S 41, S42 (Westhafen)
Kontakt: 030-390 812 18, schulgarten@moabiter-ratschlag.de
Öffnungszeiten: April bis November Donnerstag 16 bis 18 Uhr sowie zu besonderen Anlässen

Im Schulgarten an der Birkenstraße

11   Bürgergarten Moabit

Auf dem Gelände des ehemaligen Güterbahnhofs Moabit befindet sich heute ein neues Grüngelände mit Spielplatz, kleiner Rasenfläche und Hochbeeten. Auf kaum 300 Quadratmetern gedeiht hier der Moabiter Bürgergarten. Im angrenzenden Güterschuppen residiert das *Zentrum für Kunst und Urbanistik* (ZK/U), betrieben vom Verein *Kunst-Republik*. Es richtet Ausstellungen und Veranstaltungen aus und schenkt zudem Kaffee aus. Seit 2013 ist der kleine Garten, ganz in der Nähe des alten Westhafens mit seinem imposanten Lagergebäude gelegen, in Betrieb, etwa 30 Gärtnerinnen und Gärtner betätigen sich hier, alle Beete sind belegt.

Wenige Stadtgärten sind aus so wetterfesten Materialien hergestellt wie dieser. Die kleinen Tore, die einen Zaun andeuten, Bohnenrankgerüste, die Hochbeete und die als Bänke gestalteten Gerätekisten, alles ist aus Stahl gefertigt. Die Bezirksverwaltung Moabit, Bürgervereine und Künstler arbeiten hier eng zusammen und in dem Lagergebäude soll demnächst ein 300 Quadratmeter großer Gemeinschaftsraum entstehen. Die Bürgerinitiativen finden es allerdings weniger gut, dass der weitaus größere Teil des aufgelassenen Güterbahnhofs an einen Gastronomiegroßmarkt verkauft wurde.

Immerhin hätten die Landschaftsplaner den Garten mit seinen Sitzbänken, die zugleich als Gerätekisten dienen, alles in allem sehr sinnvoll angelegt, erzählt Joanna, die eines der Beete pflegt. Schade sei nur, dass es nicht wirklich ein Interkultureller Garten geworden sei, wie er ihnen vorgeschwebt habe. Die arabischen und türkischen Frauen seien zwar mal vorbeigekommen, aber trotz mehrfacher Einladungen würden sie nicht mitmachen. Das Einrichten Inter-

Wird auch von Anwohnern genutzt ...

... der Bürgergarten am Westhafen

kultureller Gärten sei in den sogenannten Problem-Stadtteilen offenbar nur mit professioneller Hilfe möglich. Es sind auch weniger die jungen Eltern, die die Landschaftsplaner im Kopf hatten, die hier gärtnern, sondern stattdessen pflegen den Garten gebildete Singles bzw. Berufstätige, vor allem Frauen.

Der Bürgergarten ist – wie bereits erwähnt – Teil des Zentrums für Kunst und Urbanistik, kurz: ZK/U, das aus dem alten Güterbahnhof Moabit entstand. Das ZK/U bietet an: Räume für Konferenzen oder Konzerte und kleine Appartements für Künstler. Auf dem Bahnsteig kann man – da er überdacht ist – auch bei Regen Kaffee trinken. Man hat von dort einen weiten Blick über die Obststreuwiese und den kolossalen Klinkerbau der Behala, der Berliner Hafen und Lagergesellschaft, dem Wahrzeichen des Westhafens.

Bürgergarten Moabit
Siemensstraße 27, 10551 Berlin-Moabit
www.stephankiez.de
Träger: Bürste e.V., Stephanstraße 43
Anfahrt: U9 (Birkenstraße)
Kontakt: 030-394 940 10, info@stephankiez.de
Öffnungszeiten: Treffen jeden ersten Dienstag im Monat um 17 Uhr

12   Interkultureller Garten der Generationen im Wedding

»Ich wusste ja gar nicht, wie schön es hier ist«, sagte eine Besucherin zur Gärtnerin Daniela Sokolowski, als sie den Garten der Gartenarbeitsschule Wedding, des heutigen Schulumweltzentrums Mitte an der Seestraße besuchte. Ihre Kinder hatten mit ihrer Klasse hier schon mehrere Sommer lang Kartoffeln gesetzt und Erbsen gesät, Salat und Johannisbeeren geerntet. Aber erst seitdem am anderen Ende des Grundstücks der Interkulturelle Generationengarten eröffnet wurde, treffen sich auf dem Gartengrundstück auch die Eltern der Kinder.

Die Einrichtung des Interkulturellen Gartens auf dem Gelände des Schulumweltzentrums Mitte im Wedding war ursprünglich eine Notmaßnahme, denn das Grundstück dieser Gartenarbeitsschule sollte verkauft werden. Der Bezirk habe kein Geld mehr und sei nicht verpflichtet, Gartenarbeitsschulen anzubieten, war das Argument. Doch gerade in dieser Gegend, eines der ärmsten Quartiere Berlins, wo besonders viele Sozialhilfeempfänger, Erwerbslose oder Asylsuchende wohnen und die Menschen kaum ihr Viertel verlassen, geschweige denn in die Ferien fahren, macht solch ein Projekt Sinn. So sorgten die Lehrer und Helfer des Schulumweltzentrums mit großem Einsatz dafür, dass auf dem Gelände ein Interkultureller Garten ins Leben gerufen wurde. Der Garten führte dazu, dass das Gartengelände nachmittags vermehrt genutzt wurde, und der Vandalismus, unter dem der Schulgarten zuvor gelitten hatte, ging erheblich zurück.

Interkultureller Garten der Generationen wurde der Garten genannt, weil die Gründer auch die Bewohner des angrenzenden Altersheimes einbeziehen wollten. Man wollte die alte Idee des Gärtnerns als Therapie aufgreifen. Es wurden

Interkultureller Garten der Generationen ...

... im Schulgarten an der Seestraße

etwa 25 Parzellen angelegt und der Garten bekam einen ausgedienten Container als Geräteschuppen geschenkt. Die Gründer achteten zudem darauf, dass möglichst immer nur zwei Paare aus einer Sprachgruppe aufgenommen wurden. Man wollte einen wirklich Interkulturellen Garten schaffen und vermeiden, dass eine spezielle Sprache die Hauptsprache würde. Die im Schul-Umwelt-Zentrum Seestraße beschäftige Gärtnerin ist eine der heute nur noch sehr wenigen Gärtnerinnen der Schul-Umwelt-Zentren und Gartenarbeitsschulen. Sie arbeitet mit den Lehrern und den Schulklassen zusammen und leitet die MAE-Kräfte (Ein-Euro-Jobber) an. Sie hilft auch den Neugärtnerinnen und -gärtnern.

Gärten der Generationen sind Gärten, die Wert auf ein Miteinander von Alt und Jung legen. Oft verstehen Ältere noch viel vom Gärtnern, sind aber nicht mehr so beweglich und geben ihr Wissen daher gerne an die Jugend weiter. So kommen die älteren Herrschaften leichter vor die Tür, weil sie sich nützlich machen können, und die Jungen können Interessantes lernen.

Interkultureller Garten der Generationen

Seestraße 74, 13347 Berlin-Wedding
www.suz-mitte.de
Träger: Förderverein Schul-Umwelt-Zentrum Mitte e.V.
Anfahrt: Bus 247, Bus 327 (Luise-Schröder-Platz)
Kontakt: 030-450 223 73, see@suz-mitte.de
Öffnungszeiten: nach telefonischer Vereinbarung

13   Das SUZ: Schul-Umwelt-Zentrum Mitte

Im nordwestlichen Wedding verbirgt sich am Ende eines dunklen Heckenwegs etwas Einzigartiges, nämlich die größte der zwölf Gartenarbeitsschulen (GAS) Berlins – die früher sogenannte Gartenarbeitsschule Wedding Friedrich Krüger. Diese zentralen Schulgärten bieten den Schulen und Kindergärten des jeweiligen Bezirks die Möglichkeit, einen Sommer lang mit einer Klasse ein bestimmtes Stück Land zu begärtnern. Die ersten Gartenarbeitsschulen entstanden in den 1920er-Jahren, als der Ruf nach einer Reform der Pädagogik laut wurde, und haben sich nur in Berlin in der Form bis heute erhalten.

Nach der Wiedervereinigung 1990 wurden die Gartenarbeitsschulen der Bezirke Wedding und Tiergarten (in Moabit) unter neuem Namen zusammengelegt zum *Schul-Umwelt-Zentrum Mitte,* kurz *SUZ.* Die im nördlichen Wedding an der Scharnweberstraße ist die größte von ihnen. Sie bildet zusammen mit dem Volkspark Rehberge und der Dauerkleingartenanlage Rehberge zudem eine der größten grünen Lungen des bevölkerungsreichen Nordwestens. Hier befindet sich auch die Gesamtkoordination der Berliner Gartenarbeitsschulen mit einer kleinen Bibliothek und Sitzungszimmer in Händen des Oberstudienrats Helmut Krüger-Danielson. Als die Gartenarbeitsschulen in den 1990er-Jahren geopfert werden sollten, um die leeren Kassen der Bezirksämter zu füllen, setzte er sich unermüdlich für ihren Erhalt ein.

Am Tag der Langen Stadtnatur bietet das Schul-Umwelt-Zentrum Führungen an: Vom Komposthaufen durch das Gewächshaus über die Wetterstation bis zum Lagerfeuerplatz. Stolz zeigt der Leiter der Einrichtung, Biologielehrer Krüger-Danielson, das bunte schwedische Ökohaus mit regenerativer Energiegewinnung und Gründach. Auch eine kleine Pflanzenkläranlage gibt es zu bestaunen. Tausende von Kinder besuchen jährlich die Gartenarbeitsschulen. Viele Lehrer bieten ihren Schülern eine Unterrichtseinheit im Freien an. Historisch sind die Gartenarbeitsschulen ein Ergebnis der in der Hauptstadt besonders starken sozial- und lebensreformerischen Bewegungen Anfang des

Klimahäuschen und Kompostplatz

... der ehemaligen Gartenarbeitsschule, des heutigen Schul-Umwelt-Zentrums

20. Jahrhunderts, die eine Rückbesinnung auf das Recht des Kindes sowie das Leben im Einklang mit der Natur anstrebten. Besonders den Unterschichtskindern in dunklen Mietskasernen mit engen Hinterhöfen sollten Unterrichtseinheiten im Grünen ermöglicht werden. Die Kinder sollten sehen, wie Bohnen und Kartoffeln wachsen, sie sollten beim Graben und Pflanzen, Ernten, Schnippeln und Kochen die Natur fühlen, hören, riechen und schmecken. Und in der großen Hungerzeit nach dem Zweiten Weltkrieg lernten sie, wie man Kohl, Salat und Kartoffeln anbaut, um ihren Eltern sinnvoll assistieren zu können. Die Gartenarbeitsschule in der Scharnweberstraße entstand, als Lehrer und Schüler auf einer Brache in Schulnähe zu gärtnern begannen. Sie besteht offiziell seit 1950. Dreizehn Gartenarbeitsschulen haben sich in zehn der heute zwölf Bezirke Berlins erhalten. Leider ist ihre Existenz infolge der Austeritätspolitik immer wieder mal gefährdet. Der Förderverein versucht gegenzusteuern.

Schul-Umwelt-Zentrum
Schwarnweberstraße 159, 13405 Berlin-Reinickendorf
www.suz-mitte.de
Träger: Bezirksamt Mitte
Anfahrt: U6 (Afrikanische Straße)
Kontakt: 030-498 07 04, info@suz-mitt.de
Öffnungszeiten: Montag bis Donnerstag 7 bis 15.30 Uhr, Freitag 7 bis 14.15 Uhr nach Anmeldung

14   Dauerkleingärten mit Volkspark

Sanft geschwungene grüne Wiesen umringt von hohen Bäumen empfangen den Besucher im Volkspark Rehberge. Mit 120 Hektar ist er einer der größten Parks in Berlin. Am seinem Nordrand liegt die Dauerkleingartenanlage Rehberge. Sie umfasst stattliche 14 Hektar für 475 Gartenfreunde. Beim Durchradeln sieht man, wie unterschiedlich Kleingärten ausfallen können. Manche der Gärten sind überwuchert von Kletterrosen, in anderen zeigen sich akkurat angelegte Gemüsebeete. Wieder andere wirken mit ihren alten Obstbäumen verwunschen oder gleichen einer einzigen Wildblumenwiese.

Ursprünglich war das Gelände Teil des Waldgebiets Jungfernheide, zu dem wegen seines Sandbodens Wanderdünen gehörten. Gegen Ende des Ersten Weltkriegs waren die Bäume aber von der frierenden Bevölkerung als Feuerholz geschlagen worden und so schufen die sozial denkenden Regierungen der 1920er-Jahre in dem Arbeiterbezirk im Berliner Norden, dem Wedding, ein grünes Erholungsgebiet. Die letzte Wanderdüne wird übrigens auf dem Gelände des anliegenden Schul-Umwelt-Zentrums (SUZ) gehütet. Auch wenn sie nicht mehr wandert, soll sie doch als typische Sanddüne erhalten bleiben. Überhaupt arbeitet man eng zusammen, das SUZ und die Gartenkolonisten der Rehberge, denn es gilt, dieses grüne Gebiet vor der Gier der Baulobby zu bewahren.

Die Entstehung des Volksparks und der Kleingartenanlage ist einer Politik geschuldet, deren Ziel es war, Arbeitsplätze zu schaffen. Als die Erwerbslosigkeit in den 1920er-Jahren anhaltend hoch blieb, entstand im Rahmen einer mehrjährigen städtischen Arbeitsbeschaffungsmaßnahme der Volkspark. 1200 Arbeiter gruben hier von 1926 bis 1929 unter der Leitung des bekannten Berli-

Laubenpieperglück: Äpfel in der...

... Dauerkleingartenanlage Rehberge

ner Gartenbaudirektors Erwin Barth. Statt einem repräsentativen Stadtpark mit wohlgestalteten Rabatten wurden Wiesen, umringt von Gehölzen für Sport und Spiel, angelegt. Außerdem schuf man eine Rodelbahn, ein Tiergehege und eine Freilichtbühne. Auch das angrenzende Sommer-Schwimmbad am Plötzensee erhielt frischen Sand. Als die Not blieb, entstand als zweite Arbeitsbeschaffungsmaßnahme eingegliedert in den Park die erste Dauerkleingartenanlage Berlins: die Kolonie Rehberge.

Zusammen mit der Gartenarbeitsschule bilden Volkspark und Kolonie Rehberge eine der größten grünen Lungen Berlins und sind sogar nachgewiesenermaßen eines der Zentren der Biodiversität in der Stadt. Zwischen Dauerkleingartenanlage und Gartenarbeitsschule konnte zudem ein Zipfel Wildwuchs als sogenanntes Vogelschutzwäldchen bewahrt werden. Gartenfreunde, Deutsche Gartenbau-Gesellschaft und SUZ erstellten auch einen Gartenkulturpfad entlang der Laubenkolonien von Mitte. Und übrigens: Berlin ist eine der Kleingarten-Städte der Welt, wenn nicht gar die Hauptstadt der Gartenkolonien.

Kleingartenkolonie Rehberge
Swakopmunder Straße, 13351 Berlin-Wedding
Träger: Dauerkolonie Rehberge e.V.
Anfahrt: U6 (Rehberge oder Afrikanische Straße)
Kontakt: 030-467 76 26, gartenverband-wedding@web.de
Öffnungszeiten: bei Tageslicht

Cosmea des Allmende-Kontors auf dem Tempelhofer Feld

**TOUR 3
Vom Allmende-Kontor
durch das
alternative Neukölln**

15   Das Allmende-Kontor

Schon vom Eingang Herrfurthstraße, Ecke Oderstraße aus ist es zu sehen, das weiße Sonnensegel des Gemeinschaftsgartens Allmende-Kontor. Es ist zu einer Art Erkennungszeichen der Gemeinschaftsgärten auf dem Tempelhofer Feld geworden. Der hölzerne Dorfplatz unter dem Zeltdach erinnert an einen klassischen Tanzboden und wird auch öfter als solcher genutzt. Aus den hölzernen Hochbeeten wuchern Mangold, Bohnen, Zucchini im wilden Verein mit Kräutern und Blumen. Gegend Abend lustwandelt hier eine große Zahl von Spaziergängern durch die Beetelandschaft, andere sitzen auf den selbstgezimmerten Bänken und unterhalten sich. Oder sie halten ihre Gesichter der jenseits des Feldes untergehenden Sonne entgegen.

Das Allmende-Kontor vereint rund 500 Menschen aus verschiedenen Schichten, Alters- und Sprachgruppen. Die etwa 250 Beetinseln sind aus den unterschiedlichsten Recyclingmaterialien zusammengeschustert, wachsen und schrumpfen mit den Jahreszeiten. Sie werden von Grüppchen mit Gemüse bebaut, dazwischen wachsen Blumen als Augen- und Bienenweide. Zehn farblich gekennzeichnete Beete-Gemeinschaften sorgen reihum dafür, dass die beiden großen Wassertanks täglich aufgefüllt werden. Das ist schwere Arbeit, denn das Wasser kommt aus dem Feuerwehrhydranten. Allein den langen Schlauch dorthin zu wuchten, erfordert viel Muskelkraft. Bei den regelmäßigen Kompost-Umsetznachmittagen machen jetzt schon über 15 Menschen mit. Gibt es ein besseres Zeichen für einen funktionierenden Gemeinschaftsgarten als eine gute Kompostgruppe?

Aber was bedeutet eigentlich Allmende-Kontor? Kontor ist ein älteres Wort für Büro und deutet an, dass das Allmende-Kontor beim Aufbau neuer Gärten als Beratungsstelle hilft. Hinter dem Namen *Allmende* jedoch steht die Aufforderung »Reclaim the Commons!« – lasst uns die Allmenden zurückholen! Das bezieht sich einerseits auf das Tempelhofer Feld als Gemeingut. Zugleich aber ist gemeint, dass wir angesichts der steigenden Erwerbslosigkeit auf der Welt

Künstlerskulpturen mit Kindern und Kompostmachen ...

... im Gemeinschaftsgarten Allmende-Kontor

vermehrt kommunale Flächen brauchen, auf denen Arbeitslose und in zu engen Wohnungen zusammengedrängte Geflüchtete sich sinnvoll betätigen können. Die Selbstversorgung mit Gemüse gehört dazu. Der Mensch ist ein Bewegungstier, an der frischen Luft aktiv zu sein, tut gut. Sinnvolles Tun wie Säen, Pflanzen und Gießen befriedigt und befriedet. Und wenn die meisten Berliner heutzutage auch nicht aus Not gärtnern müssen, ist es doch eine glückliche Fügung, dass sie hier üben, was möglicherweise nach dem nächsten Bankencrash Notwendigkeit sein wird. Die Berliner haben sich am 25. Mai 2014 in einem Volksentscheid für Nicht-Bebauung des Tempelhofer Felds und für den Allmende-Gedanken entschieden und damit auch für die Gärten. Die Gemeinschaftsgärten fanden unter dem Terminus Allmende-Gärten sogar Eingang in das dazugehörige Gesetz. Und sie sind – gemessen am tagtäglichen Besucherstrom – mit Abstand der beliebteste Ort auf dem Tempelhofer Feld.

Gemeinschaftsgarten Allmende-Kontor

Oderstraße, Ecke Herrfurth- oder Kienitzer Straße, 12049 Berlin
www.allmende-kontor.de
Träger: Gemeinschaftsgarten Allmende-Kontor e.V., Bülowstraße 74, 10783 Berlin
Anfahrt: U8 (Boddinstraße)
Kontakt: 0176-670 019 95, 030-261 22 87, garten@allmende-kontor.de
Öffnungszeiten: bei Tageslicht, Gartentreffen jeden ersten Samstag im Monat

16   Stadtteilgarten Schillerkiez

Prächtige Dahlien vor der Weite des Feldes, eine Holzkuppel voller rot blühender Bohnen, sauber gemähter Rasen und Gemüsebeete, fantasievolle Sitzgelegenheiten etwa mit aufgemaltem Schachbrett und überall Jugendgruppen oder Familien unter Leitung von Frauen mit bunten Kopftüchern und andere Besucher. Kurzum: Der Stadtteilgarten Schillerkiez ist ein wunderbares Beispiel dafür, wie viel eine Arbeitslosen-Initiative zum Nutzen aller auf die Beine stellen kann.

Der Schillerkiez in Neukölln war mit seiner von Bäumen gesäumten Promenade einmal ein schönes Wohnviertel. Allerdings wurden die Hinterhöfe so eng bebaut, dass dort kaum Licht und Luft hineinkam. In den 1920er-Jahren wurde versucht, mit einem Sport- und Spielpark auf dem Tempelhofer Feld Freizeitmöglichkeiten zu schaffen. Als jedoch nach dem Zweiten Weltkrieg die Amerikaner die Westberliner aus der Luft versorgten, wurde der Park der Verlängerung der Landebahnen des Tempelhofer Flughafens geopfert. Der Schillerkiez, verlärmt durch die ständig startenden Flugzeuge, wurde eine ärmliche Gegend.

Als 2008 der Flugbetrieb am Flughafen Tempelhof eingestellt wurde und die Stadt Berlin ihre soziale Wohnungspolitik aufgab, änderte sich alles. Die Mieten im Schillerkiez stiegen, Wohngemeinschaften verdrängten die Familien. Das Flughafengelände blieb jedoch vorerst geschlossen, da man sich in den oberen Rängen uneinig war, wie damit zu verfahren sei. Paul, Christian und Gerdi begannen, entlang des Tempelhofer Feldes »Zaunspaziergänge« zu organisieren. Sie wünschten eine baldige Öffnung des Feldes. Dann kam die Initiative *Squat Tempelhof* auf sie zu, schlug vor, das Feld demonstrativ »zu besetzen«, um den Senat zu bewegen, es für alle zu öffnen.

Und tatsächlich: Ein Jahr nach der Demo Ende Juni 2009 wurde das Feld im Mai 2010 offiziell für alle Berliner geöffnet. Zugleich regten Politik und Verwaltung die Bürger an, sich mit »Pionierprojekten« zu bewerben, da man den künftigen Park mit den Bürgern gemeinsam entwickeln wollte, und schließlich kam die Nachricht, dass ihr Projekt *Stadtteilgarten Schillerkiez* genehmigt worden

Tomaten bitte nicht klauen, Hildegard am Kompost

»Tempelhof für alle« meint der Stadtteilgarten Schillerkiez

war. Ihre Idee war es, »eine offene Feldstruktur zu schaffen, die den Anwohnerinnen und Anwohnern einen Raum für selbstorganisiertes, kreatives Handeln bietet. Erwerbslosenfrühstücks sollten als offene Treffen eine Möglichkeit zum Informations- und Erfahrungsaustausch in schwierigen Lebenssituationen« bieten, wie auf der Internetseite des Schillerkiezes zu lesen ist. Man wollte sich angesichts der Gefahr der Verdrängung aus dem Kiez und den Nöten der Anwohner infolge niedriger Einkommen und Renten zusammentun. Aber zugleich plante die Gruppe von Anfang an, sich bei der – wie die Planer heute sagen – Entwicklung des Feldes zum Volkspark für alle hörbar zu beteiligen. Schließlich gehörten sie zu den Hauptaktiven der *Initiative 100 % Tempelhof*, der es tatsächlich gelang, den Volksentscheid am 25. Mai 2014 gegen die Bebauung des Felds zu gewinnen. Der Gesetzesvorschlag der Initiative gegen jegliche Randbebauung erreichte mit 738 124 Ja-Stimmen weit mehr als das nötige Quorum.

Stadtteilgarten Schillerkiez

Oderstraße, Ecke Herrfurt- oder Kienitzer Straße, 12049 Berlin
www.schillerkiez.blogsport.de
Träger: Teilhabe e.V. , c/o Mehringhof, Gneisenaustraße 2a, 10961 Berlin
Anfahrt: U8 (Boddinstraße)
Kontakt: schillerkiez@gmx.de
Öffnungszeiten: bei Tageslicht

17 Eine alte Gärtnerei für junge Afrikaner

Der westliche Teil des Jerusalemfriedhofs in Neukölln wird nicht mehr genutzt. Jetzt gärtnern hier junge Männer aus West- und Ostafrika, Syrien oder Afghanistan zusammen mit Künstlerinnen und Architekten des *Internationalen JugendKunst- und Kulturhauses Schlesische27* sowie des *Raumlabors*. Der Evangelische Friedhofsverband Berlin-Mitte hat das Land zur Verfügung gestellt. Die schlaksigen Refugees haben die alte Steinmetzwerkstatt an der Straßenseite des Friedhofs, die jetzt Gartenschule heißt, frisch geweißt und renoviert. Nun stehen hier eine Wandtafel und ein Flipchartständer für den Deutschunterricht. Zudem werden Workshops und Projektarbeit angeboten. In dem Vorgarten der alten Steinmetzerei wachsen zwischen Gladiolen und Rittersporn auch Mais, Tomaten und Sonnenblumen.

Mehrfach in der Woche findet hier morgens Deutschunterricht statt und an drei Tagen in der Woche geht es anschließend in den Garten. Dort gedeihen die Kürbisse, Kartoffeln, Kohlköpfe und Tomaten schon prächtig, daneben wuchern diverse Pfefferminzen, Topinambur und Dahlien. Zudem wird ein Steg gebaut, denn die jungen Männer erhalten auch eine Einführung in die Tischlerei. Es handelt sich um ein von der *Kulturstiftung des Bundes* sowie dem *Paritätischen Wohlfahrtsverband* gefördertes Projekt.

Die Idee ist, die jungen Männer aus der ungewissen Warteposition zu befreien, die das europäische Flüchtlingsrecht ihnen aufzwingt. Sie alle wollen am liebsten sofort arbeiten, um ihren Familien Geld schicken zu können. Schließlich haben alle für die Finanzierung der Reise zusammengelegt. Sie dürfen aber nicht arbeiten, weil sie noch keine drei Monate hier sind oder die Sprachkenntnisse

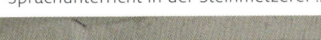

Sprachunterricht in der Steinmetzerei ...

... gut besuchtes Sich-Kennenlernen-Café Nana

nicht ausreichen. Oder weil sie über ein falsches Land nach Europa einreisen mussten. Die jungen Männer haben deshalb das *Café Nana* eingerichtet, wo sie Interessierten aus ihrem bisherigen Leben berichten. Viele kommen und amüsieren sich über die Darbietungen der Afrikaner. Die Gründer der »Gärtnerei«, Barbara Meyer, Sven Seeger und Niels Steinkraus, freuen sich, dass die Gäste so gut mitmachen. Alle Formen tatkräftiger Unterstützung sind willkommen.

Derzeit entstehen überall in der Stadt Gärten, in denen Einheimische zusammen mit Geflüchteten buddeln. Das ist schön, denn erfahrungsgemäß nehmen viele der Flüchtlinge solche Angebote gerne an. Da sie jedoch in den Aufnahmeeinrichtungen nie länger als drei Monate bleiben sollen, sind solche Gärten mehr auf das gemeinsame Tun und Lernen als auf die Ernte angelegt. Zäune brauchen diese Gärten dennoch, denn beklaut zu werden, ist für die, die bereits alles verloren haben, allzu entmutigend.

Die Gärtnerei.Berlin

Hermannstraße 84, 12345 Berlin-Neukölln

www.diegaertnerei.berlin, www.schlesische27.de; www.raumlabor.de,

Träger: Schlesische27 und raumlabor berlin mit dem Evangelischen Friedhofsverband Berlin-Mitte

Anfahrt: U8 (Leinestraße)

Kontakt: info@diegaertnerei.berlin

Öffnungszeiten: bis Einbruch der Dunkelheit, solange der Friedhof offen ist

18   Die Prachttomate von Neukölln

Sanftes Frühlingsgrün überwächst eine ehedem scheußlich vermüllte Brache auf einem schmalen Grundstück zwischen Berliner Mietshäusern. Wir befinden uns zwischen Hermann- und Kienitzer Straße und dem kleinen Landschaftspark Lessinghöhe. In diesem Quartier wird vor allem arabisch gesprochen oder türkisch, zudem teilen sich viele junge Leute die Altbauwohnungen: Studenten, Auszubildende und andere Überlebenskünstlerinnen.

Seit Frühjahr 2011 schufen junge Leute den Kiezgarten mit einer Art »Phönix-aus-der-Asche«-Design: Das Grüne wuchs in alten Badewannen, Einkaufswagen oder schrägen Bretterkisten, und das kam bei der Neuköllner Szene und ehemaligen Landbewohnern aus dem Libanon oder Anatolien offenbar gut an. Beeindruckend ist die lange Reihe gepflegter Tomatenpflanzen in Kübeln entlang der schützenden Hauswand und das riesige Erdbeerbeet mit Schneckenzaun. Der hier stattfindende Floh-Tausch-Schenke-Markt an jedem letzten Sonntag im Monat wird gut besucht.

In dem Garten wird alles gemeinsam geplant, angebaut und geerntet. Und es wird vieles ausprobiert, z.B. das Herstellen von Bokashi, einem anaerobischen Dünger, oder dem Erstellen von Terra-Preta, der Schwarzerde aus Amazonien. Daneben gibt es aber auch das herkömmliche Kompostieren. Außerdem werden Pilze gezüchtet und es wird geimkert. Besonders die Kinder lieben das Brachgelände für ihre Erkundungstouren, um zu toben und zu klettern. Das Gelände gehört zum Teil dem Bezirk und wurde der Gruppe zur Zwischennutzung überlassen. Das Projekt wird bescheiden gefördert aus Mitteln des Quartiersmanagements.

Kinderparadies mit Kaffeeausschank und Flohmarkt

Erdbeerbeet der Prachttomate

Mit ihrem Garten *Prachttomate* will die Gründergruppe, wie sie sich ausdrückt, ein Zeichen setzen gegen die »fatalen globalen wie lokalen Auswirkungen einer Agrarindustrie, die Mensch, Boden und Klima in existenzbedrohender Weise schädigen«. Gemeinsam an einer Stadt arbeiten, »die für die Menschen gemacht ist, einer Stadt, in der sie wohnen bleiben und sich die Mieten noch leisten können, einer Stadt, die Teilhabe im weitesten Sinne ermöglicht – also einer Stadt für alle«.

Angesichts der steten Gefahr des Vandalismus in einem Quartier, das von Langzeitarbeitslosigkeit und Armut geprägt ist, sind es wohl eben solche Initiativen engagierter junger Leute, die hier gebraucht werden.

Prachttomate
Bornsdorfer Straße 9 –11, 12053 Berlin-Neukölln
www.prachttomate.de
Träger : Verein Prachttomate e.V.
Anfahrt: U7 (Karl-Marx-Straße)
Kontakt: prachttomate@gmx.de
Öffnungszeiten: Mitgärtnern von März bis Oktober Dienstag und Freitag ab 16 Uhr, Treffen jeden Freitag um 19 Uhr

19   Speisen aus dem Garten: Permakultur mit Café

Am Café Botanico läuft der potentielle Gast leicht vorbei, denn es liegt im Souterrain eines Berliner Mietshauses in der Richardstraße mitten im Herzen Neuköllns. Ist man die Treppe hinuntergegangen, eröffnet sich dem Besucher durch das Café hindurch der Blick auf einen weitläufigen begrünten Hinterhofgarten. Der eigentliche Gemüsegarten liegt dahinter zwischen zwei Mietshauszeilen. Die letzten zwei, drei verbliebenen Gärten einer ehemaligen Kleingartenanlage lagen hier zwölf Jahre brach, bevor Bewohner der anliegenden Häuser ihrer gewahr wurden und sie in Kultur nahmen. Sechs Anwohnerinnen und Anwohner verwandelten im Sommer 2011 die verwilderten Parzellen in einen Permakulturgarten. Sie ließen den Boden auf Schadstoffe und Schwermetalle hin untersuchen und erfuhren zu ihrer Erleichterung, dass die Erde unbelastet war. Als das Ladenlokal frei wurde, richtete Martin Höfft zusammen mit zwei Partnern das kleine Café Botanico ein. Da die beiden anderen aus Italien kommen, bieten sie Gemüsegerichte vor allem nach italienischer Zubereitungsart an.

Gäste, die fragen, dürfen den Garten vorsichtig durchstreifen: Hinter der kleinen Terrasse und dem begrünten Hinterhof wachsen umgeben von einem mannshohen Maschenzaun 200 verschiedene Kräuter, Salate und Gemüse. Besonders imposant sind die Grünkohlstauden, die bis zu zwei Meter hoch werden und immer neue Blätter hervorbringen. Sein Wissen über den Anbau nach den Regeln der Permakultur gibt Martin Höfft bei seinen sommerlichen Kräuterführungen gerne an Besuchergruppen weiter. Der Gartenbetrieb ist ein zertifizierter Bio-Betrieb und Mitglied im *Verbund Ökohöfe Nordost*. Irgendwann will Martin

Staudenkohl im Permakulturgarten ...

... mit Café Botanico

Höfft von seinem Gartenbetrieb mit Café leben können, auch wenn er den Garten jetzt noch im »Nebenerwerb« betreibt. Nebenerwerb heißt in der Terminologie der Landwirtschaft, dass auf der Hofstelle zumindest ein Familienmitglied, wenn nicht der Landwirt selbst, einen zweiten Beruf nebenbei hat, da man von den Einkünften des Hofs allein nicht leben kann. Es handelt sich weltweit und historisch übrigens um eine sehr verbreitete Form, Landbau zu betreiben.

Permakultur bedeutet, dass die Menschen versuchen, mit der Natur statt gegen sie zu arbeiten. Dazu gehören Mischkulturbeete, in denen die Gemüse so gesetzt werden, dass kaum Schädlinge auftreten, weil etwa der Geruch des einen die potentiellen Schädlinge des anderen vertreibt. Permakultur vermeidet zudem leer geräumte Beete, da manche Bodendecker grün überwintern können.

Die (Wieder-)Begrünung der Hinterhöfe wird in den Bezirken seit den 1980er-Jahren gefördert. Seit den 1990er-Jahren half die *Grüne Liga* Berlin bei ihrer Einrichtung und konnte einige der schönsten Hinterhöfe auszeichnen. Viele Höfe sind für die Allgemeinheit zugänglich.

Café Botanico
Richardstraße 100, 12043 Berlin-Neukölln
www.café-botanico.de
Anfahrt: U7 (Karl-Marx-Straße)
Kontakt: 0151-122 513 20
Öffnungszeiten: Dienstag bis Sonntag ab 12 Uhr

20   Der Comenius-Garten im Böhmischen Dorf

Zwischen den Häusern des alten Dorfkerns von Rixdorf, dem Ursprung Neu-köllns, liegt der Comeniusgarten. Er befindet sich im böhmischen Teil von Rix-dorf, also jenem Teil, der im 17. Jahrhundert entstand, als der preußische König Friedrich Wilhelm I. im Jahre 1737 verfügte, dass Rixdorf 350 Glaubensflücht-linge aus Böhmen aufzunehmen habe. 1992 honorierte die Tschechische und Slowakische Föderation diese historische Tat durch das Spenden einer Statue des böhmischen Gelehrten Comenius, die 1992 vom Parlamentspräsidenten Ale-xander Dubček im künftigen Garten eingeweiht wurde. Auch Dubček war über-zeugt vom Menschenrecht auf Gewissensfreiheit. Die Gestaltung des Gartens greift die pädagogischen Ideen des Aufklärers und Theologen Johannes Amos Comenius (1592–1670) auf, der als einer der Köpfe der Böhmischen Brüder galt. 1995 wurde der Garten schließlich fertig gestellt.

Der Garten ist einer Anwohnerinitiative zu verdanken. Der *Förderkreis Böh-misches Dorf* entstand 1984, als es galt, die historische Substanz des einstigen Dorfs zu erhalten. Man wollte das böhmische Dorf zum europäischen Kultur-denkmal machen. Aus der Initiative erwuchs eine Intensivierung der deutsch-tschechischen Freundschaftspolitik und es entstanden mehrere Städtepartner-schaften u. a. zwischen Neukölln und Ústínad Orlicí. Das Böhmische Dorf wurde tatsächlich unter Denkmalschutz gestellt und ist heute mit seinen Ackerbürger-häusern, dem Dorfanger mit dem kleinen Wochenmarkt, dem Comenius-Garten und dem Gartenlokal eine der wesentlichen Touristenattraktionen in Neukölln.

Der *Förderkreis Böhmisches Dorf Berlin-Neukölln e. V.* erinnert an diese be-sondere Geschichte als Zufluchtsort nicht nur mit dem Comenius-Garten, son-dern auch mit einem Museum sowie dem Erhalt des Dorfangers und der alten Schmiede. Der Comenius-Garten gemahnt durch seinen Namen daran, dass es zu allen Zeiten protestierender Reformer bedurfte, die die Leute daran erinner-ten, dass das Selbermachen der Weg ist, der dem Menschen Befreiung bringt. Die Böhmischen Brüder richteten sich gegen die damals verkrusteten Struktu-

Im Comenius-Garten des Böhmischen Dorfs

Geschenk aus Prag: Comenius

ren in der katholischen Kirche. Sie strebten in der düsteren Zeit des Dreißigjäh-rigen Krieges ein egalitäres Gemeindeleben an. 1648 wurde mittels des Friedens-schlusses zu Münster der Dreißigjährige Krieg beendet. Der Friedensbeschluss verfügte die Auflösung der Böhmischen Brüder als Glaubensgemeinschaft. Nach einiger Zeit gründeten sie sich unter dem Namen *Herrnhuter Brüdergemeinde* neu. Bis heute haben sie, wie auch andere evangelische Glaubensgemeinschaf-ten, in Böhmisch-Rixdorf ein Büro.

Im Comenius-Garten bemüht sich der Diplom-Politologe Henning Vierck gemeinsam mit den Kindern der Umgebung, den Garten als Lern- und For-schungsort fruchtbar zu machen. Sie forschen gemeinsam über nicht mehr, aber auch nicht weniger als des Menschen Verwobenheit mit Pflanzen und Natur, über die Luft oder das Nichts sowie den Garten als vom Menschen zu gestal-tende zweite Natur. Heute wird der Comenius-Garten von der Landesebene, dem Senat sowie der kommunalen Ebene, dem Bezirk, gefördert.

Comenius-Garten
Richardstraße 35, 12043 Berlin-Neukölln
Träger: Förderkreis Böhmisches Dorf in Berlin-Neukölln e.V.
Anfahrt: U7 (Rathaus Neukölln)
Kontakt: 030-686 61 06 oder 030-682 373 03, comenius-garten@t-online.de
Öffnungszeiten: wochentags von 10 bis 18 Uhr

21 Unser Garten Perivoli

Gegenüber einer verwitterten Gärtnerei findet sich in einer Geländesenke am Südostrand der Kleingärten am Koppelweg der älteste der neuen Gemeinschaftsgärten: *Perivoli – Unser Garten*. Der Bezirk hatte das Gelände im Jahr 2000 von vordem zehn Kolonieparzellen konfisziert, um einen Garten für die auf dem angrenzenden Grundstück geplante Schule anzulegen. Aus mancherlei Gründen – auch finanzieller Art – konnte das Bezirksamt das Vorhaben nicht realisieren. Der Neuköllner Bürgermeister übergab daraufhin das Gelände dem Förderverein *To Spiti e. V.* zur Nutzung durch eine griechisch-deutsche Seniorinnen-Gruppe des interkulturellen Zentrums *To Spiti*. Und das kam so: Die Sozialpädagogin Niki Reister, damals Leiterin des Frauen- und Familienzentrums To Spiti, einer Einrichtung der Diakonie Neukölln, die sich um griechische Migrantinnen kümmert, berichtete dem Neuköllner Bürgermeister Heinz Buschkowsky von der Sehnsucht der Frauen- und Seniorengruppe des Zentrums nach einem eigenen Garten.

Eine Woche später hatten sie das Grundstück. Der Garten wurde *Perivoli* genannt – das heißt im Griechischen Nutz-, Obst- und Gemüsegarten. Die Frauen brachten ihre Familien mit und so wurde mit viel ehrenamtlichem Engagement und Eigenarbeit repariert, gebuddelt und angebaut. Ein Lehmbackofen wurde in die schon existierende Grillecke integriert: Er bildet bis heute den Mittelpunkt der vielen Feste und Veranstaltungen, die im Garten stattfinden. Seit 2007 gibt es auch Bienen, um die sich ein Hobbyimker zusammen mit den Aktiven von Perivoli kümmert. Im Jahr 2004 wurde Perivoli mit Unterstützung der *Stiftung Interkultur,* Teil der *Anstiftung*, München, ein multikultureller Garten. Er wurde

Fest im Interkulturellen Garten Perivoli

Bienenhaltung im Perivoli-Garten

explizit zu einem Ort der Begegnung für Menschen aus verschiedenen Nationen und so einer der ersten Interkulturellen Gärten Berlins. Seit 2014 ist der Garten dabei, einen eigenen Verein zu gründen, eine eigene Homepage ist in Arbeit. Aber die Trennung eines erfolgreichen Gartenprojekts vom ursprünglichen Trägerverein ist selten einfach, die Mühlen der Ämter mahlen bekanntlich langsam und auf die zeitraubende Tätigkeit als Vereinsvorstand sind viele Gärtner nicht besonders scharf ...

Nach dem Motto »lasst die Fremde zur Heimat werden, aber nicht die Heimat zur Fremde«, kümmert sich die Initiatorin Niki Reister heute vermehrt darum, ähnliche Projekte in ihrer Heimat Griechenland zu initiieren. Dort gibt es nicht nur jedes Jahr im Mai das Treffen der europäischen Saatgutinitiativen, sondern auch viele nagelneue Gemeinschaftsgartenprojekte, beispielsweise auf stillgelegten Flughäfen oder ehemaligen Kasernengeländen.

Perivoli – Unser Garten
Koppelweg 102, 12347 Berlin-Neukölln
www.foerderverein-tospiti.de/perivoli
Träger: Interkultureller Garten Perivoli e.V.
Anfahrt: Bus M44 (Britzer Damm/Mohriner Allee)
Kontakt: 030-824 77 15 oder 030-786 55 70, ig-perivoli@gmx.de
Öffnungszeiten: an den Wochenenden und nach Absprache sowie am Langen Tag der Stadtnatur

22   Das Britzer Weingut

Was es eigentlich nicht geben kann, gibt es in Berlin und Viktor Sucksdorf machte es möglich: Auf einem ungenutzten Schulareal des Bezirks Neukölln, gegenüber einer seit Jahren verwahrlosten Gärtnerei, schuf er das in Berlin einzigartige Britzer Weingut. 1997 kam Victor Sucksdorf aus Moldawien nach Berlin. Auf der Suche nach Arbeit stieß er auf das leere Grundstück in Neukölln. Im Jahr 2000 beantragte er beim Bezirk, das Grundstück nutzen zu dürfen. 2002 bekam er die Erlaubnis, auf dem lediglich 500 Quadratmeter großen Gelände einen Weingarten anlegen zu dürfen. Die Pacht wurde vom Bezirk übernommen.

Viktor Sucksdorf schuf eine Art europäisches Weinmuseum und hatte bald tausend Weinstöcke mit 28 verschiedenen Rebsorten gepflanzt. Er kennt sich nämlich aus, in seiner Familie sind seit Generationen alle Winzer. Drei Jahre braucht so ein Weinstock, bis er erstmals beerntet werden kann. 2005 war es so weit. 2008 wurde auch ein Verein gegründet, der *Verein zur Förderung des Britzer Weinguts e.V.* Der Bezirk schickte Arbeitskräfte und Schulklassen, die lernen sollten, wie Wein angebaut wird. Zu Viktors Partnern gehört zudem die Stiftung Naturschutz, bei deren Langem Tag der Stadtnatur er stets mitmachte und die gemeinnützige *Trias gGmbH*, die Viktor Sucksdorf eine Art Gehalt zahlt.

Victor Sucksdorf lernte in der Sowjetunion, in der er aufwuchs, den Überlebenskampf auch im Alltäglichen, zumal in den wilden postsozialistischen Jahren, als in seinem Herkunftsland Moldawien vieles zusammenbrach, bis heute wird es zerrieben zwischen den Nachbarländern. Er ließ sich also etwas einfallen. Er versteht sein Weingut als lebendes Museum. Er baut Sorten an, die er aus verschiedenen Teilen Europas mitbrachte, darunter viele alte und fast vergessene Sorten. Er betreibt das kleine Britzer Weingut zusammen mit Freunden und Familie und bietet seinen Weingarten nach dem Vorbild der Domäne Dahlem auch als Kulisse für allerlei Feiern an. Egal ob zu Hochzeiten oder Partys, man kann den wohlgepflegten Weingarten pachten und gegen Spenden auch

Alte Weinsorten und Workshops ...

... im Britzer Weingut

von dem Wein kosten. Im Gegensatz zu den anderen Berliner Weinanbauern keltert die Familie Sucksdorf selbst, die entsprechenden Gerätschaften haben sie sich aus Moldawien besorgt. Mit dem benachbarten Gemeinschaftsgarten Perivoli arbeitet das Britzer Weingut eng zusammen, ebenso wie mit den Winzern aus Prenzlauer Berg. Dieses engagierte Beispiel moderner Agrarkultur ist allerdings gefährdet, da enge und starre Grenzen zwischen Selbstversorgergärten und handwerklichen Gartenprojekten, die ihren Mann auch ernähren, Letzteres nahezu unmöglich machen. Aber die Senatsverwaltung für Stadtentwicklung und Umwelt verfolgt das Konzept »produktive Stadtlandschaften«, das sie als Strategie für Berlin anstrebt, und hätte damit die Möglichkeit, hier praktisch zu werden. Denn geht es nicht angesichts der hohen Arbeitslosigkeit besonders unter Migranten gerade im Bezirk Neukölln darum, derartige Kleinbetriebe einfach deshalb, weil sie Arbeitsplätze und Zufriedenheit schaffen, zu fördern?

Britzer Weingut

Koppelweg 70, 12347 Berlin-Neukölln
www.britzer-weingut.de
Träger: Verein zur Förderung des Britzer Weinguts e.V.
Anfahrt: Bus 181 (Am Brandpfuhl)
Kontakt: 0178-526 34 31 oder 0177-832 42 54
Öffnungszeiten: nach Absprache

23 Gartenarbeitsschule Neukölln

Die einzige noch bestehende der Gartenarbeitsschulen Neuköllns finden wir von der Straße zurückgesetzt in einem Grünzug. Das große Gelände wirkt wie ein kleiner Park, ist tagsüber offen und bietet Spaziergängern die Möglichkeit, es zu durchwandern. Die erste Berliner Gartenarbeitsschule wurde in der Hungerzeit nach dem Ersten Weltkrieg gegründet. Man wollte raus aus den engen Schulstuben in die Natur und die Praxis. Der Lehrer und spätere Schulleiter August Heyn (1879–1959) war ein engagierter Reformpädagoge in Neukölln. Als Mitglied des *Bundes Entschiedener Schulreformer* setzte er sich dafür ein, mit seinen Schülern auf Brachen Gemüse anbauen zu dürfen. Der Hunger, der kaum ein Jahr nach Kriegsausbruch die Großstadtbewohner peinigte, ermöglichte ihm – parallel zur Einführung der Lebensmittelmarken – bereits im Frühjahr 1915 auf 25 000 Quadratmetern sogenannte Kriegs- oder Schulkolonien einzurichten.

Dort lernten die Kinder den Anbau von Gemüse so erfolgreich, dass die Schulverwaltung die Schule 1916 übernahm. Leider gab das Amt die Schulgärten nach Kriegsende wieder auf. Die enge Kooperation der Berliner Reformpädagogen mit der Regierung ermöglichte es August Heyn, am 1. April 1920 am Teltowkanal ein ähnliches Projekt zu eröffnen, das entsprechend der reformpädagogischen Begeisterung für Werkschulen mit großem Praxisanteil nun *Gartenarbeitsschule* genannt wurde. Erst 1958 erhielt eine auf den Feldern des ehemaligen Gutes Britz neu gegründete Gartenarbeitsschule den Namen des Pädagogen. Diese Gartenarbeitsschule überlebte als einzige die bauwütigen 1960er-Jahre und die (Spar-)Politik der Nachwendezeit. Die Bezirke, die im Land Berlin keinerlei Selbstständigkeit haben, unterhalten die Gartenarbeitsschulen

Alte Bienenkörbe in der Gartenarbeitsschule Neukölln

Bei Regen stellen sich auch Schafe gerne unter

als freiwillige Zusatzangebote. Sie neigen daher dazu, bei den Gartenarbeits-schulen zu sparen, zumal ihnen seit Anfang der 2000er-Jahre zusätzliche Un-terhaltungskosten für Grundstücke und Gebäude auferlegt wurden. Zwar gibt es in Berlin auch zahlreiche Schulgärten, etwa 270, doch zwei Drittel der Schulen haben keinen. Für diese Schulen gibt es die zwölf bezirklichen Gartenarbeits-schulen, in denen für ein halbes Jahr der Biologie-, Sachkunde-, Geographie- oder Kochunterricht im Freien gestalten werden kann.

Im Sinne des lebenslangen Lernens stehen die GAS, wie sie abgekürzt hei-ßen, unter bestimmten Voraussetzungen auch Erwachsenen offen und bieten etwa Fortbildungstage für Lehrer an. Dem Engagement der GAS verdanken wir übrigens auch die Erstellung von sogenannten Gartenkulturpfaden. Der Garten-kulturpfad für Neukölln führt von der Gartenarbeitsschule über das Gut Britz zur berühmten Hufeisensiedlung, deren Gärten und Grüngelände vom Land-schaftsarchitekten Leberecht Migge gestaltet wurde.

August-Heyn-Gartenarbeitsschule Neukölln

Fritz-Reuter-Allee 121, 12359 Berlin-Neukölln
www.ahgasn.de
Träger: Bezirksamt Neukölln
Anfahrt: U7 (Parchimer Allee oder Britz-Süd)
Kontakt: 030-602 588 74 oder 030-665 092 00
Öffnungszeiten: während der Schulzeiten nach Anmeldung

TOUR 4
Von Schöneberg
über Friedrichshain
an die Spree

Grüne Spreeuferwege für alle

24   Aquaponik oder der Traum von den Tomatenfischen

Die Tomatenfische in der Malzfabrik waren bereits weithin bekannt, als sie sich als *ECF Farmsystems* zu einem rentablen innerstädtischen Betrieb urbaner Landwirtschaft mauserten. Diese erste Containerfarm Berlins begann mit einem Seecontainer für die Fische mit aufgesetztem Gewächshaus für die Tomaten. Die Idee, in den Hallen und auf den großen Flachdächern einer ehemaligen Malzfabrik eine Tomaten- und Fischproduktion zu beginnen, interessierte auch die Politik. Der Clou sollte sein, die Tomatenpflanzen im Gewächshaus mit dem Kot der Fische zu düngen und das Gießwasser wieder den Fischen zuzuführen. Es sollte also ein umweltschonender geschlossener Wasserkreislauf entstehen.

Leider haben Sicherheitsauflagen den Traum von der Landwirtschaft auf dem Dach der alten Malzfabrik verhindert. Und auch das mit dem geschlossenen Kreislauf klappte nicht, denn der heutige ECF-Farmsystems-Betrieb produziert in Gewächshäusern auf Steinwolle und den Pflanzen einer erdelosen Kultur reichen die Hinterlassenschaften der Barsche nicht aus. Der daher zusätzlich notwendige Kompakt-Dünger, den die Gewächshauspflanzen brauchen, um ausreifen zu können, ist zu stark und würde die Gesundheit der Buntbarsche in ihren großen Bottichen gefährden. Daher wird nur jenes Wasser, das die Pflanzen ausschwitzen und das sich an den Gewächshausfenstern niederschlägt, recycelt. Der Kreislauf ist also nicht geschlossen. Als bodenlose Landwirtschaft wird der Betrieb auch nicht als Biolandwirtschaft anerkannt. Immerhin entstanden mit ECF-Farmsystems einige neue Arbeitsplätze, auch wenn auf die Arbeit der Praktikanten noch nicht verzichtet werden kann.

ECF steht für »Eco Friendly Farming«. Und tatsächlich ist die Ökobilanz des ECF-Betriebs beeindruckend, wenn auch erst einmal Millionen investiert werden mussten, um die komplizierte energie- und ressourcensparende Technik aufzubauen. Vor Ort werden heute keineswegs nur Tomaten angebaut, sondern auch Salate, Paprika oder Auberginen, die über einen im Jahr 2015 eröffneten Hofladen und ein Abokistensystem direkt an die Verbraucher verkauft werden.

Bodenlose Landwirtschaft in der alten Malzfabrik ...

Liebe Leserin, lieber Leser,

wir freuen uns über Ihr Interesse an unserem Verlagsprogramm. Auch in Zukunft möchten wir Sie gern **kostenlos** über wichtige Themen informieren (per Post und E-Mail). Deshalb bitten wir Sie, diese Karte ausgefüllt an uns zurückzusenden. Oder füllen Sie einfach unser Formular aus unter **www.bebraverlag.de/gewinnspiel.**

Als Dank für Ihre Mitarbeit verlosen wir unter den Einsendern pro Monat ein Buch aus unserem Programm, das Ihren Interessen entspricht. (Der Rechtsweg ist ausgeschlossen)

Diese Karte habe ich folgendem Buch entnommen:

Ich interessiere mich für:

☐ Zeitgeschichte
☐ Geschichte
☐ Berlin
☐ Brandenburg
☐ Sachsen
☐ Japan Edition
☐ Krimis
☐ Wissenschaft
☐ E-Books

Aufmerksam wurde ich auf das Buch durch:

☐ Zeitung/Zeitschrift
☐ Fernsehen/Radio
☐ Verlagskatalog
☐ Lesung
☐ ☐ ☐ ☐

be.bra verlag

www.bebraverlag.de

Absender

....

Name **Vorname**

....

Straße

....

PLZ/Ort

....

E-Mail

....

Alter **Beruf**

Aktuelle Informationen finden Sie im Internet unter www.bebraverlag.de. Einfach den QR-Code scannen!

Tel.: 030 / 440 23 810 Fax: 030 / 440 23 819 post@bebraverlag.de

Bitte als

Postkarte

freimachen

Antwort

be.bra verlag GmbH
– Kundenbetreuung –
KulturBrauerei Haus S
Schönhauser Allee 37

D-10435 Berlin

... spart viel Wasser und düngt mit Fischexkrementen

Nach nur wenigen Monaten waren die Gemüse-Abos (zu 60 Euro im Monat) vergeben, denn immer mehr Berliner wollen sich lokal ernähren. Im an drei Tagen pro Woche geöffneten Hofladen werden zudem die Produkte einiger befreundeter kleinerer landwirtschaftlicher Betriebe aus der Region verkauft: Honig, Marmelade oder Schnaps zum Beispiel. Seit September 2015 werden die Fische an Restaurants und Bioläden in der Region geliefert. Nach einem Besuch im Hofladen kann man sich im Restaurant der Malzfabrik *Zum Oberstübchen* stärken. Es liegt zwar nicht, wie ursprünglich geplant, oben auf den hohen Dächern der Malzfabrik, sondern bescheiden auf einem Zwischengeschoss, wird aber immerhin von dem »Ex-Guerilla-Stadtfarmer« und »Extrem-Koch« Kai Neumann betrieben, wenn auch nur im Mittagsbetrieb und auch nur mittwochs bis freitags. Übrigens schwimmen auch am Müggelsee Tomatenfische und zwar im Gewächshaus des Leibnitz-Instituts für Gewässerökologie und Binnenfischerei im Forschungsverbund Berlin e. V.

ECF Farmsystems

Bessemerstraße 16, 12103 Berlin-Schöneberg
www.tomatenfisch.igb-berlin.de
Anfahrt: Bus 106 (Eresburgstraße)
Träger: ECF Farmsystems GmbH
Kontakt: 030-755 124840, shop@ecf-farmsystems.com
Öffnungszeiten: tagsüber zugänglich, Führungen in der Saison Freitag 16 Uhr (5 € pro Person)

25 Der Pyramidengarten

Dort, wo der Columbiadamm von Kreuzberger auf Neuköllner Gebiet wechselt, verbirgt sich gleich neben dem Eingang zum Tempelhofer Feld hinter einer hohen Backsteinmauer der Pyramidengarten. Er nutzt die Fläche der ehemaligen Friedhofsgärtnerei, die ehedem die angrenzenden Friedhöfe bediente. Seinen merkwürdigen Namen erhielt der Garten nach den spitzen Dächern des Gärtnerhauses, wo sich, nach vielen ehrenamtlichen Baueinsätzen, heute Geräte, Küche und Waschräume befinden. Der Garten lädt Besucher jeden Sonntag ein, aber auch an den anderen Tagen steht die schwere Eisentür offen, wenn einer der Gärtner oder Gärtnerinnen da ist, so dass Neugierige hineinspazieren können.

Der Pyramidengarten wurde 2007 von einer Gruppe Neuköllner mit dem Ziel gegründet, eine Brache dem Dornröschenschlaf zu entreißen und Interessierten die Möglichkeit zu verschaffen, sich einen Teil des Küchengemüses selbst anzubauen. Das sollte entsprechend der Bewohnerschaft Neuköllns und angesichts der Moschee in der direkten Nachbarschaft mit Menschen unterschiedlicher kultureller, nationaler und religiöser Herkunft geschehen. Und so verpflichtete sich die Gruppe, wie die meisten anderen der neuen Gemeinschaftsgärten als auch multikultureller Garten, den interkulturellen Austausch zu fördern.

Der Pyramidengarten ist zudem, wie die meisten Projekte des neuen Gärtnerns, ein Lernort, an dem Wissen über die Umwelt und Natur sowie über eine nachhaltige Produktion und Verarbeitung von Lebensmitteln vermittelt wird. Der Garten bietet für alle Berliner Gärtnerinnen und Gärtner regelmäßig Weiterbildungskurse an. Zudem gibt es an jedem ersten Sonntag im Monat von April bis Oktober einen Backtag am Lehmofen.

Die Gründer des Pyramidengartens haben sich übrigens auch schon vorher um die Begrünung Neuköllns verdient gemacht. Im Rahmen von Maßnahmen des Quartiersmanagements haben sie manche bisher wenig ansprechend wirkende Nebenstraße durch die überlegte Bepflanzung von Baumscheiben verschönert.

Der Pyramidengarten

Columbiadamm 120, 10965 Berlin-Neukölln
www.pyramidengarten-berlin.de
Träger: Multikultureller Nachbarschaftsgarten Neukölln e.V.
Anfahrt: Bus 104 (Friedhöfe Columbiadamm)
Kontakt: 030-680 886 22, hoffmann.berlin@yahoo.de
Öffnungszeiten: Sonntag ab 14 Uhr

Sommer im Pyramidengarten

Der erste öffentliche Dachgarten in Neukölln liegt auf dem Dach des Einkaufszentrums *Neukölln Arcaden* an der Karl-Marx-Straße. Auf dem sechsten Parkdeck
wurde den Initiatoren gestattet, einen kleinen Garten in Kisten anzulegen sowie
einen Getränkeausschank in einer Holzbaracke zu eröffnen. Der Garten bietet
einen schönen Blick über das Zentrum Neuköllns. Zudem finden auf dem Dach
Freiluftkonzerte mit Gartenflair statt. Das Gartencafé ist während der Betriebs-
zeit des Einkaufszentrums an schönen Sommertagen ab 10 Uhr geöffnet, sonntags ab 12 Uhr, in der Übergangszeit seltener. Die offene Helfergruppe für den
Garten trifft sich regelmäßig samstagmittags, Interessierte entnehmen Genaue-
res am besten der Homepage.

Die Gründergruppe bestand aus einem Zusammenschluss mehrerer Vereine:
dem Neuköllner Kneipenkollektiv *Fuchs und Elster*, dem Veranstalter von Open-
Air-Konzerten namens *Klangsucht* sowie dem Verein *Zuhause e. V.* Wochenlang
zimmerten die jungen Leute, bis Tresen, Holzbänke samt Sonnensegeln sowie
Beete in Bienenwabenform fertig waren. Die Initiatoren arbeiten eng mit dem
Bezirk Neukölln zusammen, der den neuen Ort für kulturelle Events förderte.

Der Garten ist auf dem windigen Dach extremen Wetterbedingungen ausge-
setzt, was die Beete ständig trocken werden lässt. Daher ist der Klunkerkranich
der erste Gemeinschaftsgarten in Berlin, der mit dem Bewässerungssystem »Sö-
ren« des jungen Teams der *Gruenestadtplanung* arbeitet, das eine Bewässerung
von unten ermöglicht. Die Beete müssen auf diese Art und Weise lediglich einmal wöchentlich mit Wasser versorgt werden. Seit Sommer 2013 sind bis zu 30
Helfer hauptsächlich in ehrenamtlichem täglichem Einsatz, um die Fläche zu

Über den Dächern Neuköllns ...

... der Dachgarten des Klunkerkranich

gestalten und die bis zu 2 000 Besucher zu managen. Es ist erstaunlich, wie viele junge Leute bereit sind, ad hoc regelmäßig unregelmäßig beim Gärtnern zu helfen. Nach musikalischen Großevents muss dann oft der Müll aus den wabenförmigen Kisten geklaubt werden, in denen vor allem blühende Kräuter angebaut werden, die manchmal auch Eingang in die Cocktailgetränke finden. Je nach Saison und Jahr finden die Gartenarbeitstreffen des Klunkerkranich freitags bis sonntags statt.

Viele Architekten sind von der Idee „Dachgärten" derzeit angetan und zweifelsohne ist es sinnvoll, Dächer zu begrünen. Kostenlos ist das aber nicht, denn es verlangt ein kompliziertes Gefüge von Folien, Wasserabzugsmöglichkeiten, Tröpfelberieselung und sehr leichter Erde. Denn ein Dach ist nicht unbegrenzt belastbar und an so manchen Tagen stehen Kontrolleure vor dem Klunkerkranich, da nur eine bestimmte Anzahl von Personen auf das Dach gelassen werden darf.

Klunkerkranich
Karl-Marx-Straße 66, 12043 Berlin-Neukölln
www.klunkerkranich.de
Träger: Fuchs und Elster
Anfahrt: U7 (Rathaus Neukölln)
Kontakt: freunde@klunkerkranich.org
Öffnungszeiten: Donnerstag und Freitag ab 16 Uhr, Samstag und Sonntag ab 12 Uhr
(mit Markt), jeden Abend bis 1.30 Uhr; Januar und Februar geschlossen, abends Eintritt 3 €

27 Wiese mit Garten

In unmittelbarer Nähe zum S-Bahnhof Ostkreuz gibt es seit 2006 einen Park in Bürgerhand. Zwischen Autowerkstätten, abgehalftert wirkenden Spelunken und einem Supermarkt mit meistens leerem Parkplatz entstand der Bürgergarten Laskerwiese. Diese Grünanlage umfasst einen kleinen Park mit Liegewiese, einen Bolzplatz für Jugendliche, einen Werkzeugcontainer mit WC und einen Interkulturellen Garten. Der Garten ist durch einen niedrigen Lattenzaun vor Hunden und Kleinkindern geschützt. Die Gartentüren sind in der Regel zu, aber nicht verschlossen. Nachts wird das gesamte Gelände abgeschlossen, um es vor Vandalismus zu schützen. Die enge Kooperation des angrenzenden Jugendzentrums *E-Lok* mit dem *Netzwerk der Berliner Gartenaktivistinnen* (die Mehrheit der Aktiven sind weiblich) führte dazu, dass im Zuge eines von der *Deutschen Bundesstiftung Umwelt* geförderten Projekts auch das Jugendzentrum eine wunderschöne Wildobsthecke erhielt.

Der Bürgerpark Laskerwiese ist der zweite öffentliche Park in Berlin, der komplett in Bürgerhand ist. Garteninteressierte Berliner machten sich 2002 auf die Suche nach einer geeigneten Fläche für Gemeinschaftsgärten. Schließlich einigten sie sich auf die brachliegende Fläche zwischen Lasker-, Bödiker- und Persiusstraße in Friedrichshain. Die Zusammenarbeit zwischen Frauke Hehl, der Gründerin der *workstation Ideenwerkstatt Berlin e. V.*, die mehrere Garten-Projekte in ihren Anfängen betreute, und Sabine Friedler, der Leiterin des *Jugendzentrums E-Lok*, das sich auch stadtplanerisch engagiert, machte es möglich. Die Gruppe der potentiellen Gärtner wurde jedoch auf eine harte Geduldsprobe gestellt, denn von der Idee bis zur Freigabe der Fläche vergingen vier ganze Jahre. Schließlich jedoch verkaufte der Bezirk ein Teilstück der Brache an eine Supermarktkette und ließ mit dem Erlös den Bürgerpark erstellen. Dazu kamen eine Förderung der *Stiftungsgemeinschaft Anstiftung-Ertomis* sowie EU-Mittel. Das Gelände wurde eingezäunt, der kontaminierte Boden ausgetauscht und die Geländefläche modelliert. Eine Zisterne fängt das Regenwasser auf. Schließlich

Nachbarschaftsgarten Laskerwiese mit Teich ...

... und Tomatenhüttchen und Kompoststelle

wurde ein Vertrag zwischen dem Bezirk und der Gartengruppe geschlossen. Der Bezirk verzichtet auf eine Pacht-Gebühr, wofür die Gartengruppe auch die Pflege des kleinen Parks übernimmt. Jeden zweiten Samstag im Monat werden die nötigen Gemeinschaftsarbeitseinsätze durchgeführt. Jeden ersten Donnerstag im Monat trifft sich die Gruppe der aktiven Gärtner. Der Garten ist in 35 Parzellen gegliedert, die individuell bearbeitet werden. Da man auf chemische Düngemittel und Pestizide verzichtet und soweit wie möglich mit Regenwasser bewässert und kompostiert, kann sich der Garten stolz als ökologisch nachhaltig behaupten – wie im Übrigen die allermeisten innerstädtischen Gemeinschaftsgärten.

Im angrenzenden Jugendzentrum hatte übrigens auch lange die erwähnte Workstation ihr Büro, die mittels vielen Ehrenamtlichen und MAE-Kräften half, diverse Gemeinschaftsgärten zu gründen. Heute kümmert sich der Verein *workstation Ideenwerkstatt* um die Betreuung der gemeinsamen Internetplattform der Berliner Gartenaktivisten: www.stadtacker.net.

Laskerwiese

Laskerstraße 6–8, 10245 Berlin-Friedrichshain
www.laskerwiese.blogspot.de
Träger: Bürgergarten Laskerwiese e.V.
Anfahrt: S3, S5, S7, S8, S9, S41, S42, S85 (Ostkreuz)
Kontakt: 030-297 726 10, laskerwiese@web.de
Öffnungszeiten: tagsüber, Treffen jeden zweiten Samstag ab 12 Uhr

28   August-Sander-Gartenarbeitsschule in Friedrichshain

Zwischen den Gleisanlagen der Bahnhöfe Ostkreuz und Warschauer Straße sowie der Spree liegt die sogenannte Stralauer Vorstadt. Hier befindet sich die Gartenarbeitsschule Friedrichshain-Kreuzberg. Sie gehört als Nebenstandort zur ebenfalls hier beheimateten August-Sander-Schule, einer Berufsschule mit neben anderem auch sonderpädagogischen Aufgaben.

Die Gartenarbeitsschule liegt in der Nähe der Laskerwiese auf ihrem angestammten Gartengelände Persiusstraße 9. Außerhalb der Ferien ist der schöne Schulgarten rücksichtsvollen Spaziergängern zugänglich. Die Ziegen, Schafe und Esel, die dort gehalten werden, sind jedoch auch von der Bödikerstraße aus zu bewundern.

Die Gartenarbeitsschule war vor der Wiedervereinigung eine der zentralen schulpädagogischen Einrichtungen der DDR. Nach 1990 drohte das Gelände der Baupolitik zum Opfer zu fallen. Engagierte Lehrer gründeten einen Förderverein, um den Schulstandort und den Schulgarten zu schützen. Sie benannten die Schule nach dem Kunstfotografen August Sander, der in den 1920er-Jahren körperlich schwer arbeitende Menschen porträtierte.

Zweck der Gartenarbeitsschule ist es auch hier, den Großstadtkindern die Chance zu geben, haptische Erfahrungen zu machen und mit allen Sinnen zu lernen. Beim praktischen Arbeiten entwickeln die Kinder handwerkliches Geschick und Verständnis für die Kreisläufe der Natur. Auf der nahegelegenen Halbinsel Stralau unterhält die Schule einen weiteren Standort, auf dem Friedhofsgärtner ausgebildet werden. Heute arbeiten in der August-Sander-Gartenarbeitsschule neben wenigen Hauptamtlichen viele Freiwillige, darunter ehemalige Mitarbeiter, die ehrenamtlich beispielsweise Besuchergruppen über das Gelände führen.

August-Sander-Gartenarbeitsschule

Persiusstraße 9, 10245 Berlin-Friedrichshain
www.august-sander-schule.de/schulportrait/gartenarbeitsschule
Träger: Bezirksamt Friedrichshain-Kreuzberg
Anfahrt: Bus 347 (Persiusstraße), Bus 194 (Markgrafendamm)
Kontakt: 030-293 698 80, schulfarm@august-sander-schule.de
Öffnungszeiten: in der Schulzeit Montag bis Freitag 8 bis 14 Uhr

Grundschüler zu Besuch in der Gartenarbeitsschule

29   Nachbarschaftsgarten Rosa Rose

Der Nachbarschaftsgarten *Rosa Rose* ist eine Ansammlung bunter Beete in einem kleinen öffentlichen Grün hinter den Häusern der Jessnerstraße. Es ist ein ruhiger Ort, von der Kommune vernachlässigt. Der Garten bringt ein paar Sträucher, Gemüse und Blumen in das Gelände.

Der Garten *Rosa Rose* war nicht immer so unauffällig. Er wurde 2004 von der Hausgemeinschaft der Kinzigstraße 9 gegründet, die die Brache auf dem unbebauten Nachbargrund in Beschlag nahm und den stets etwas wild wirkenden Garten anlegte. Das heißt, genau genommen waren die Anleger des Nachbarschaftsgartens Berlins erste Guerilla-Gärtner, wie Hanns Heim oder Julia Jahnke, die vorher etwa im Luisenstädtischen Kanal oder an der Humboldt-Universität bereits wilde, »extralegale« Gärten angelegt hatten. Sie wollten Gemüse anbauen und etwas Schönes schaffen.

Die Grundstücksbesitzer waren einverstanden, wollten allerdings keine Verträge schließen, um kurzfristig kündigen zu können. 2008/2009 war es dann so weit: Das Gelände sollte bebaut werden. Frauke Hehl vom Verein *workstation Ideenwerkstatt* trommelte daraufhin sämtliche Gartenaktivisten und Lastenfahrräder Berlins zusammen. Am 18. Juli 2009 radelten die Gartenaktivisten in einer demonstrativen Karawane von der Kinzigstraße zu einem neuen Standort, einem aufgegebenen Schulgelände. Den Ort hatte die Gruppe *Transition Town Friedrichshain* ausfindig gemacht. Er war nur als temporärer Aufenthalt des Gartens gedacht, aber das Asyl gab es nicht umsonst, denn die Fläche unterstand dem landeseigenen Liegenschaftsfond. Die Überlebenskünstler vom Rosa-Rose-Garten, von denen viele erwerbslos sind und die meisten von kaum tausend

Offenes Gartenfest im neuen Rosa-Rose-Garten

Nachbarschaftsgarten Rosa Rose zieht um

Euro monatlich leben, sollten für ihre Pflänzchen im Exil tatsächlich Pacht zahlen!

Daraufhin regte der Bezirk die Gruppe an, auf die kleine Grünfläche in der Jessnerstraße auszuweichen. Wenn sie sich bereit erklären würden, sich auch um die Grünfläche zu kümmern, dürften sie dort pachtfrei gärtnern. Die Gärtner nahmen das Angebot an. An dem neuen Standort gab es sogar eine steinerne Feuerstelle und einen kuppelförmigen Geräteschuppen. Allerdings musste sich die Gruppe erst einmal gegen die Alteingesessenen durchsetzen, in deren Augen das Gärtnern im Anwohnergrün eine unstatthafte Landnahme war. Der eigentliche Wermutstropfen aber ist, dass den Senioren, also den besonders kundigen Pflanzern, die Umzüge zu viel waren und die Gruppe nun leider auf sie verzichten muss. Besonders in trockenen Sommern sieht man es dem Garten an, dass hier die altgedienten Gärtner und vor allem die Älteren mit etwas mehr Zeit für so einen Garten fehlen.

Nachbarschaftsgarten Rosa Rose

Jessnerstraße 3–13, 10247 Berlin-Friedrichshain
www.rosarose-garten.net
Träger: Workstation Ideenwerkstatt e.V.
Anfahrt: S8, S9, S41, S42, S85 (Frankfurter Allee), U5 (Frankfurter Allee)
Kontakt: 0151-153 524 90; rosaroterose@web.de
Öffnungszeiten: Zugang jederzeit möglich, Treffen finden am Siebten des Monats

Wenn man die Warschauer Brücke überquert, erblickt man an ihrem nordöstlichen Rand entlang der Schienen etwas Grünes, nämlich das *Wriezener Freiraumlabor*, ein Grünstreifen entlang aufgegebener Bahntrassen. Im Zentrum steht der Gemeinschaftsgarten *Gleisbeet e.V.*, im nördlichen Teil des langgestreckten Grundstücks befindet sich das heute hoch eingezäunte Gartenareal der Dathe-Oberschule.

Alles begann im Jahr 2006 mit viel Optimismus. Damals hatte das Bundesministerium für Verkehr, Bau und Stadtentwicklung einen Projektaufruf gestartet. Es ging darum, den experimentellen Wohn- und Städtebau zu fördern: Innovationen für familien- und altengerechte Stadtquartiere waren gesucht. Als ExWoSt-Modellvorhaben war das Wriezener Freiraum Labor jedoch keine rechtsfähige Organisation. Projektträger wurde der Bezirk Friedrichshain-Kreuzberg. Das Vorhaben *Wriezener Freiraum Labor* war unter der Rubrik *Gestaltung urbaner Freiräume – Öffentlicher Raum für alle Generationen* unter hundert Bewerbern als eines von sieben Modellvorhaben ausgewählt worden. Es wurde daraufhin drei Jahre lang finanziell gefördert und durch wissenschaftliche Begleitung unterstützt.

Nach Ablauf der Förderung gaben die Gründer das Projekt im Sommer 2011 an eine neu gegründete Gartengruppe ab, die nach starkem Vandalismus auf dem Gelände quasi bei null begann. Sie gaben dem Projekt einen neuen Namen, *Gleisbeet,* und gaben sich große Mühe mit der Formulierung eines für alle optimalen Vertrags zwischen dem Bezirksamt und Gartengruppe bzw. Verein. Die Gärtner schufen einen Gemeinschaftsgarten nach den Prinzipien der Permakul-

Gemeinschaftsgarten Gleisbeet ...

... mit Schulgarten und Kräuterspirale im Wriezener Freiraum Labor

tur. Permakultur heißt in diesem Zusammenhang: ein Gärtnern in nachhaltigen und naturnahen Kreisläufen, der Boden soll nach Möglichkeit immer bedeckt sein und es wächst ständig etwas. Die junge Gärtnergruppe, die zum großen Teil aus Studierenden der Landwirtschaft besteht, möchte von der Natur lernen und die Natur machen lassen.

Mit aggressivem Vandalismus hat aber leider auch die heutige Gruppe zu kämpfen. So erstaunt es nicht, dass aus der Gruppe Gleisbeet in noch höherem Maße als aus anderen uneingezäunten Allmende-Gärten Gärtner und Gärtnerinnen in Kleingärten abwandern. Die Berliner Gartenaktivisten sind daher überzeugt, dass die immensen anfänglichen Fördergelder sinnvoller in den Aufbau von Jugendwerkstätten sowie die Finanzierung permanenter Stellen von betreuenden Sozialarbeitern, Gärtnern oder einer Gartenkoordinatorin geflossen wären.

Gleisbeet

Helsingforser Straße 11–13, 10243 Berlin-Friedrichshain
www.gleisbeet.de
Träger: Gleisbeet e.V.
Anfahrt: U1 (Warschauer Straße), S5, S7 (Warschauer Straße),
Tram M10 (S Warschauer Straße), Bus 347 (Pillauer Straße)
Kontakt: 0176-254 856 97, bella@gleisbeet.de
Öffnungszeiten: Zugang jederzeit möglich, Treffen bei gutem Wetter Dienstag und
Donnerstag 13 Uhr

31 Uferwege für alle

Westlich der Warschauer Brücke fließt die Spree unsichtbar hinter Mauer und Bretterzaun. Jahrelang tobte der Streit darum, ob die Berliner ein Anrecht auf einen freien Zugang zur Spree haben oder ob das Ufergelände bis zum Wellenanschlag bebaut werden darf. 2008 stimmten dann bei einem Bürgerentscheid 87 Prozent der Wahlberechtigten für ein »Spreeufer für alle« und wählten damit das Vorhaben der Landesregierung, des Senats, das Gelände an einen Großinvestor zu verkaufen, ab. Um weitere Großprojekte zu verhindern, gründete sich eine Genossenschaft, die *Holzmarkt eG*, die für das Gelände einen Käufer in ihrem Sinne suchte. Sie gewann den Schweizer Rentenfond *Abendrot* für ihr Vorhaben. Damit *Abendrot* auf seine Kosten kommt, soll ein kleiner Teil des Geländes mit einem Hotel bebaut werden, leider ausgerechnet dort, wo sich momentan der Garten befindet.

2012 gründeten die aktiven Gärtnerinnen und Gärtner auf dem Gelände ihren eigenen Verein, den *Mörchenpark e. V.*, der sich vor allem für die gemeinsame Gestaltung des Spreeufers zwischen Schillingbrücke und Michaelkirchbrücke einsetzt. Der Verein ist Teil der *Holzmarkt-Genossenschaft*, deren Ziel es ist, Handwerk- und Kunstwerkstätten auf einem für alle zugänglichen Gelände anzusiedeln. Das open air Café *Kater Blau* ist Nachfolger der legendären *Bar 25*, die hier vorher residierte und den Kampf um das Spreeufer anschob. Auch wenn der Garten Mörchenpark auf dem Gelände wird umziehen müssen, scheint es momentan immerhin gewährleistet, dass das Gelände für die Öffentlichkeit erhalten bleibt. Es gibt sogar Pläne für ein Flachufer, das Enten, Bibern und Ottern Ausstiegsmöglichkeiten aus dem Fluss bieten würde. Ein künftig frei zugängli-

(Demnächst wieder) offen für alle: Mörchenpark

Blick vom Spreefeld über die Spree zum Mörchenpark

cher Spreeuferweg für alle wurde teilweise bereits angelegt, wird aber wohl erst ab 2017/18 uneingeschränkt zugänglich sein.

Auf der anderen Spreeseite ist Ähnliches in Arbeit. Dort führte zwar der Bau der Genossenschaftswohnhäuser des *Spreefelds* dazu, dass der Gemeinschaftsgarten *Spreeacker* der Gruppe *id22* infolge der Baumaßnahmen vorübergehend weitgehend verschwand, aber immerhin ist hier der für die Allgemeinheit wichtigere freie Uferweg für alle ab dem Wilhelmine-Gemberg-Weg bereits Realität. Zudem nahm das benachbarte Tipi-Dorf, das man auf seinem Pfad entlang des Ufers durchwandern darf, die Garten-Tradition auf.

Schon heute stellt die *Spreeacker eG* Gemeinschaftsräume für stadtpolitische Debatten zur Verfügung. Das alte Bootshaus wird für Partys oder Workshops genutzt. Auch das Netzwerk der Berliner Gartenaktiven tagte hier gelegentlich.

Mörchenpark mit Spreeacker

Holzmarktstraße 25, 10243 Berlin-Friedrichshain
www.moerchenpark.de, www.spreeacker.de
Träger: Mörchenpark e.V., Spreeacker e.V.
Anfahrt: S5, S7 (Ostbahnhof)
Kontakt Mörchenpark: kontakt@moerchenpark.de
Kontakt Spreeacker: info@spreeacker.de
Öffnungszeiten: Mörchenpark nach Beendigung der Baustelle Donnerstag und Freitag ab 16 Uhr, Samstag und Sonntag ab 14 Uhr; der Spreeacker ist zugänglich

TOUR 5
Von Weißensee
durch Prenzlauer Berg
nach Mitte

Im neuen Hirschhof

32 Ein Klimagarten am Jugendclub

Von der Straße aus wirkt das Grundstück verblüffend verwildert. Erst wenn man hinein und auf das Gebäude darin zugeht, sieht man, dass hier ein ganzer Gemüsegarten angelegt ist. Das Grundstück wird dominiert von dem langgestreckten Kinder- und Jugendclub *Maxim* mit seinen Musikräumen, den Lese- und Spielecken, Werkräumen und Bar.

Vor dem Gebäude steht unter einem Sonnenschutzdach ein langer Holztisch mit Bänken. Wann immer sich eine Gruppe findet, die das Kochen übernimmt – und das ist fast täglich der Fall –, wird hier mittags zusammen getafelt. Gegen eine Spende von etwa drei Euro kann man sich dazusetzen und mitspeisen. Es gibt in der Regel vegetarische Gerichte, denn die Zutaten stammen aus dem eigenen Garten.

Der Gemüse- und Obstgarten des *Maxim* gleich neben dem Haus ist ein schmaler Schlauch zwischen städtischen Mauern. Ein Meer von bunten Sommerblumen und Tomatenpflanzen mit der beeindruckenden Höhe von zwei Metern. Die Zucchini sind prall und die Apfelbäume hängen voller Früchte. An der Brandmauer des Nachbarhauses gedeihen Spalierobstbäume, im hinteren Ende am Schuppen gelangt man in eine Wildnis aus Brombeeren.

Zusammen mit der Humboldt-Universität und mit der Unterstützung von Jugendlichen, Praktikanten und Freiwilligen wurde im Maxim ein sogenannter »Klimagarten« angelegt, also ein Garten, der mit dem Klimawandel umgeht und die zu erwartenden Veränderungen ins Auge fasst. Über vier Jahre wurde genau notiert, wann was gesät und gepflanzt, was wann und wie gegossen wurde und wie das Resultat aussah. Dabei wurden verschiedene Methoden einer sparsamen Bewässerung ausprobiert. Der Garten steht Kindern und Eltern offen und wird von Jugendlichen im Freiwilligen Ökologischen Jahr gepflegt.

Kinder- und Jugendclub Maxim

Charlottenburger Straße 117, 13086 Berlin-Weißensee
www.im-maxim.de
Träger: Bezirksamt Pankow, Abteilung Jugend und Immobilien
Anfahrt: Tram M4, Tram M13 oder Tram 12 (Antonplatz)
Kontakt: 030-923 764 57, info@im-maxim.de
Öffnungszeiten: Sonntag bis Donnerstag für Kinder von 13 bis 19 Uhr,
für Jugendliche von 13 bis 22 Uhr, in den Schulferien Montag bis Freitag von 10 bis 18 Uhr

Gemeinsame Mahlzeit im Jugendzentrum

33 Hobbywinzer mit staatlicher Duldung

Tausend Rebstöcke zieren seit 2000 den nordwestlichen Rand des Volksparks Prenzlauer Berg. Man muss etwas suchen, bis man den Eingang zum Weingarten gefunden hat: Sigridstraße, Ecke Syringenplatz, neuerdings Am Weingarten. In der Mitte befinden sich ein Holzhaus und ein Rasenplatz für Geselligkeiten, dann folgt der Weingarten. Zu besonderen Gelegenheiten wie den regelmäßigen Festen wird der hier angebaute Riesling dem staunenden Publikum und den wackeren Mithelfern kredenzt. Es wächst hauptsächlich weißer Riesling, aber es gibt auch einige Reihen mit besonderen Sorten.

In der frühen Neuzeit waren die Berliner Weinberge dem Getreideanbau geopfert worden. Ab 1711 verschwanden sie und nur einige Straßennamen erinnern noch an sie. Mit der hedonistischen Wende der 1968er-Jahre wurden die Berliner wieder lustig und gründeten erneut Weingärten. Heute hat fast jeder Berliner Bezirk seinen Weinberg. Sie avancierten zu den Augäpfeln ihrer jeweiligen Bezirksbürgermeister. Erstaunliche Gemeinschaften von hochrangigen Ehrenamtlichen quer durch die politischen Lager kümmern sich nach Ausübung ihrer Ämter auch praktisch darum, ihren Weinberg durch die Zeiten zu schiffen. Am Prenzlauer Berg sind es vor allem zwei Herren, die sich um die Weingärten im Bezirk kümmern: Der ehemalige Leiter des Grünflächenamts, Wolfgang Krause, regte die Anlage des 2 500 Quadratmeter großen Weingartens an und half auch selbst beim Anpflanzen. Weil der Bezirk die Pflege nicht übernehmen konnte, wurde dafür ein Verein gegründet. Die Arbeitseinsätze zum Schneiden der Rebstöcke oder die Weinlese werden in Zeitungen oder auf der Homepage annonciert.

Obschon man einen guten Ertrag erwirtschaften möchte, geht es nicht um den Verkauf, denn ein kompliziertes Regelwerk erlaubt den kommerziellen Weinanbau erst ab einer gewissen Flächengröße. »Wir verstehen uns als Hobbywinzer mit staatlicher Duldung«, erklärt mir der Hauptaktive im Weinberg am Volkspark, Frank Pietsch. Der Berliner Senat toleriert die Berliner Weingärten, obwohl sie alle größer als das (für den Hausgebrauch gestattete) eine Ar, also

Weinanbau am Volkspark mit Weinproben

Freiwillige bei der Weinlese am Prenzlauer Berg

hundert Quadratmeter, sind. Die gewonnenen Weine werden verschenkt, etwa an die Bürgermeister der Partnerstädte. Da der Berliner Weinanbau in den letzten Jahren viele begeisterte Liebhaber gefunden hat, wird ihm wohl eine gewisse Zukunft beschieden sein, zumal die Bezirke sich bemühen, die Weingärten mit ihren bescheidenen Mitteln zu fördern. Dem *Förderverein Weingarten* wurden in diesem Zuge Kräfte vom Arbeits- oder Sozialamt vermittelt. »Dann geht das zwar ein bisschen langsamer, aber wir haben ja Zeit«, sagt Frank Pietsch. Der Wein aus dem Prenzlauer Berg wird übrigens in Sachsen auf dem Weingut des Prinzen zur Lippe gekeltert. Während die Weine der Westberliner in die Partnerorte an Mosel und Rhein gehen, gehen die Ostberliner Weine in Keltereien an Elbe und Saale. Dazu gehört auch der kleine *Wiener Weingartl* am Wasserturm in Prenzlauer Berg, der aus Gründen des Denkmalschutzes nur 30 Stöcke umfasst und durch den der Gründer Wolfgang Krause zu besonderen Gelegenheiten führt.

Weingarten am Volkspark Prenzlauer Berg

www.berliner-riesling.de
Sigridstraße, Ecke Am Weingarten (Syringenplatz), 10407 Berlin-Prenzlauer Berg
Träger: Förderverein Weingarten Berlin e.V., c/o Genossenschaft,
Saarbrücker Straße 24, 10405 Berlin
Anfahrt: S8, S9, S41, S42, S85 (Landsberger Allee), Bus 156 (Storkower Straße)
Kontakt: 030-440 92 76, 0170-200 36 55, frankpietsch@alice-dls.net
Öffnungszeiten: zum Langen Tage der Stadtnatur und zu besonderen Anlässen

34   Der Kiezgarten vom Prenzlberg

Der kleine Kiezgarten befindet sich auf einer öffentlichen Grünfläche zwischen Berliner Mietshäusern. Der gemütliche Garten ist Ergebnis der behutsamen Stadterneuerung in den Berliner Ostbezirken. In dem Garten machen alle alles. Im Frühjahr wird gemeinsam geplant und dann geht's los. Ungefähr 15 Menschen sind dabei. Jahrelang existierte der Garten gänzlich uneingezäunt, nun wurde ein Zaun aufgestellt, um Hunde von den benachbarten Spielflächen abzuhalten. Das Tor zu dem Gelände bleibt jedoch auch abends unverschlossen.

Der Garten befindet sich auf einer Brache zwischen Mietshäusern und wurde von der Stadtentwicklungsfirma *Stern* angeregt, nachdem u. a. die dort arbeitende Irmtraud Grünsteidel von den guten Erfahrungen der Community Gardeners in den Ghettos New Yorks berichtet hatte. Die Idee war, durch aktives miteinander Gärtnern der Vermüllung und der Anonymität im Viertel entgegenzuwirken. 2003 ging es dann endlich los. Mitgärtnerin Kerstin Stelmacher ist sozusagen das Zugpferd des Gartens und kennt die Geschichte des Gartens von seinen ersten Tagen an.

Kiez ist ein Wort aus dem Slawischen und bedeutet ursprünglich Dorf. Als im 12. Jahrhundert östlich der Elbe die deutschsprachige Besiedelung erfolgte, wurde die alteingesessene slawisch sprechende Bevölkerung marginalisiert. Aus dem *Kiez* wurde der Teil des Dorfs, in dem die Unterdrückten lebten. Das Wort wurde später von den Berlinern übernommen, um die ärmeren, licht- und luftlosen Stadt- und Wohnquartiere innerhalb der Großstadt zu bezeichnen. Ab den Zeiten der behutsamen Stadterneuerung in den 1980er-Jahren wandelte sich das Wort zu einer positiven Bezeichnung für die engere Nachbarschaft.

Stielmangold im Hinterhof

Der Kiezgarten in der Nähe des Helmholtzplatzes

Kurzum: Der Name *Kiezgarten* war und ist also Programm. Das Angebot des gemeinsamen Gärtnerns soll Vertrauen und Optimismus in das jeweilige Viertel bringen. Immerhin wurde ein deutlicher Rückgang von Vermüllung erreicht. Sogar eine kleine Feuerstelle wurde den Kiezgärtnern zugestanden.

Die großen und kleinen Kiezgärtner sind immer wieder überrascht, wie viel ihnen von ihrer Ernte bleibt. Mittlerweile haben sie ein Beet an den *Verein zur Erhaltung und Rekultivierung von Nutzpflanzen in Brandenburg e.V.* zur Saatgutvermehrung abgetreten. Sie sind stolz, dass sie ihren Beitrag zum Erhalt eines besseren Klimas im Kiez beitragen. Es können auch gerne ein paar jüngere Gärtner dazukommen, da nicht mehr alle der ersten Kiezgärtner noch in der Gegend wohnen.

Kiezgarten Prenzlauer Berg
Schliemannstraße 8, 10437 Berlin-Prenzlauer Berg
Träger: Kiezgarten e.V.
Anfahrt: U2 (Eberswalder Straße), Tram M10 (Husemannstraße)
Kontakt: Kiezgarten-schliemannstr.@gmx.de
Öffnungszeiten: Zugang jederzeit möglich

35   Gartenstraße mit Hirschhof

Für mich ist sie eine der schönsten Straßen Berlins, wenn nicht gar die schönste: die Oderberger Straße zwischen Kastanienallee und ehemaliger Mauer. Die breite Straße wurde schon zu Ostzeiten von ihren Anwohnern begrünt und bepflanzt. Hinter den Häusern an der Nordseite entstand der berühmte *Hirschhof*, in den die Anwohner die Künstler der DDR zu Hinterhofgesprächen über Gott und die Welt einluden.

Dieses wilde Engagement der Bewohner war erneut gefragt, als dem Bezirk nach der Wende plötzlich einfiel, die Stadt von ihren wilden Pflanzkübeln befreien zu wollen. Die *Bürgerinitiative Oderberger Straße* (BIOS) wehrte sich mit Erfolg gegen die Entgrünung der Straße. So konnte eine der schönsten Straßen Berlins als wildes Dschungelparadies erhalten bleiben. Der Kompromiss bestand darin, dass die Anwohner jeweils ein kleines Stückchen Oderberger-Straßen-Grün verbindlich adoptierten. Die Anwohner gründeten den Verein *Bürgersteig e. V.* und teilten die Pflege der verschiedenen Beetinseln und Baumscheiben unter sich auf. Heute ist diese außergewöhnliche Straße Treffpunkt vieler Touristen, die ebenso wie die Anwohner die vielen Cafés und Boutiquen frequentieren. Der Bürgerinitiative *BIOS* verdanken die Berliner ein neues Netzwerk von Berliner Bürgerinitiativen. 2008 wurde es schließlich zum Bürgerforum erklärt (www.bin-berlin.de) und die ehedem für die Oderberger Straße Aktiven kümmerten sich zuletzt um den Erhalt des Stadtbads, respektive des Marthashofs oder Mauerparks.

Das Herz der Oderberger Straße war vor 1989 ein »guerillamäßig« angelegter Hinterhof-Garten, der *Hirschhof*. Hier wurden schon zu »Ostzeiten« ab 1980 Ge-

Grüner Dschungel Oderberger Straße

Blick in den alten Hirschgarten

müse angebaut und schattenspendende Bäume gepflegt. Gefundene oder aus den Trümmern des gesprengten Schlosses geborgene Säulenkapitele geben dem Hinterhof eine geheimnisvolle Stimmung. Die Einrichtung des Hirschhofs zum öffentlichen Grüngelände wurde seitens der DDR-Regierung sogar bezuschusst. 1985 wurde er feierlich eingeweiht und war bald Treffpunkt der Ostberliner Untergrundkultur und der Opposition, ein Ort für Lesungen und Theatersketche. Infolge einer Privatisierungspolitik nach der Wende wurde der Hirschhof jedoch für die Öffentlichkeit gesperrt. Heute kann man ihn nur noch durch den Zaun vom benachbarten *Hirschhof II* aus bewundern. Der Nachfolger-Hirschhof II ist ein schön angelegter und bepflanzter Kinderspielplatz auf dem angrenzenden Grundstück. Er hat auch seinen Charm, zumal er optisch in das Gelände des angrenzenden Kindergartens und des alten Hirschhofs übergeht.

Oderberger Straße mit Hirschhof

Oderberger Straße, 10435 Berlin-Prenzlauer Berg
www.oderberger.org
Träger: Bezirk Pankow; Bürgerinitiative Oderberger Straße (BIOS) sowie Bürgersteig e.V.
Anfahrt: U2 (Eberswalder Straße), Tram M1, Tram 12 (Schwedter Straße), Tram M10 (Friedrich-Ludwig-Jahn-Sportpark)
Kontakt: info@oderberger.com
Öffnungszeiten vom Hirschhof II, Oderberger Straße 19: durch das Tor Zugang tagsüber jederzeit möglich

Auf hellem Bauschuttgrund, umstanden von sich sanft im Wind wiegenden Ahornbäumen und Birken, entsteht am nordöstlichen Rand des Mauerparks seit 2013 ein weiterer Interkultureller Gemeinschaftsgarten. Geländebedingt wird ausschließlich in selbst gezimmerten Hochbeeten gegärtnert. Die meisten sind aus alten Holzpaletten gemacht und zeigen, wie fantasievoll man derartige Holzgebilde verwenden kann. Seit Sommer 2014 gibt es hier zudem drei Bienenvölker.

Bis die Gruppe der Gärtner ihren Mauergarten endlich beginnen konnte, dauerte es lange, einige Vorläufergärten wurden nicht geduldet. Unterstützung kam von der Initiative *Transition Town Pankow* sowie der seit Jahren unermüdlich rührigen Bürgerinitiative zur Rettung des Mauerparks, den *Freunden des Mauerparks e.V.*

Der Mauerpark entstand nach der Wende auf einem ehemaligen Bahngelände an der Mauer zwischen Ost- und Westberlin, genauer: zwischen dem westlichen Wedding und den Ostberliner Bezirken Mitte und Pankow. Momentan heißt die Parole »Grün statt Groth«, denn die Berliner Politik neigt dazu, die Brachen der Stadt der Bauindustrie zu opfern, statt einen behutsamen Stadtumbau in die Hände lokaler Gewerke zu legen. Nach der Wende hatten Bürger auf dem alten Bahngelände Bäume gepflanzt, um aus der trostlosen Steinwüste einen Park zu machen.

Sie luden zu Festen ein und alle waren begeistert. Wenige von ihnen wussten, dass das Gelände, das seit 1825 Exerzierplatz des preußischen Militärs war, nebenbei den Anwohnern als Freiraum diente. Die evangelische Kirche erwarb

Die Kastenbeete des Mauergartens

... im heiß umkämpften Mauerpark

1910 einen Teil des Geländes, um ein grünes Erholungsgelände daraus zu machen; einen anderen Teil übernahm damals die Bahn.

Am 9. November 1994 konnte endlich der erste Teil des Mauerparks eingeweiht werden. Seither zieht der Park mit seinem Flohmarkt Berlinbesucher aus aller Welt an. Aber seit 2004 sehen sich die Freunde des Mauerparks gezwungen, sich vehement gegen die Pläne des Senats, die westliche Seite des Parks zu bebauen, zur Wehr zu setzen. Sie wünschen daher einen Volksentscheid nach Tempelhofer Vorbild.

Durch den Mauerpark führt der bekannte Mauerradweg, den der Berliner Verkehrsexperte und Abgeordnete Michael Cramer an vielen Samstagnachmittagen allen, die Lust hatten mitzuradeln, anbot und es kamen manchmal über Hundert. Heute gibt es den Mauerradweg zudem in Buchform und er ist nunmehr durch Wegweiser so beschildert, dass auch (Rad-)Wanderer ohne Guide oder Karte ihm leicht folgen können.

Interkultureller Gemeinschaftsgarten im Mauerpark

Gleimstraße,13355 Berlin-Wedding

www.mauergarten.net

Träger: Mauergarten e.V.

Anfahrt: S8, S9, S41, S42, S85 (Schönhauser Allee)

Kontakt: info@mauergarten.de

Öffnungszeiten: Zugang jederzeit möglich, Treffen jeden ersten Sonntag im Monat ab 15 Uhr

Zwischen den ehedem selbstständigen Bezirken Pankow, Mitte und Wedding blöken am Rand des nördlichen Mauerparks ein paar Schafe. Sie leben auf der 1999 ins Leben gerufenen *Jugendfarm Moritzhof*. Der Kinderbauernhof, wie der ganze Park, liegt erhöht auf ehemaligen Bahntrassen, dort wo der Mauerpark sich nach Norden hin verschlankt. Seinen Namen hat der Moritzhof nach seinem Erstbewohner, einem einhörnigen Ziegenbock. Auf einer relativ kleinen Fläche gibt es einen kleinen Gemüsegarten, ein hübsches Holzgebäude mitsamt Stallungen, Kompostklo sowie einem kleinen Auslauf für die Tiere. Der Bezirk Pankow unterhält die Einrichtung als eine der freien Stätten der Kinder- und Jugendarbeit, für den Unterhalt der Tiere kommen vielfach Bürger auf.

Vier hochmotivierte junge Hauptamtliche teilen sich drei Planstellen. Sie werden unterstützt durch zahlreiche Freiwillige, junge Leute im Freiwilligen Ökologischen Jahr, Praktikanten oder Bürgerarbeiter. Aber auch Kinder helfen tüchtig mit und übernehmen wichtige Arbeiten, ganz besonders in der Tierpflege. Diese Form einer modernen Mischung von Ehrenamt und bezahlten Kräften entspricht der Idee der Gründer, die zu Wendezeiten aus Idealismus mit einem »Spielwagen« durch Berliner (Ost-)Bezirke fuhren. Der Moritzhof ist, wie die anderen Kinderbauernhöfe auch, Mitglied im *AKIB*, dem europäischen Dachverband der Aktivspielplätze und Kinderbauernhöfe.

Das Ziel des Moritzhofs ist es, Kindern zwischen sechs und sechzehn Jahren ein wohnungsnahes Freizeitangebot zu liefern, in dessen Rahmen sie sich spielerisch mit Umweltfragen und Alltagstechniken befassen können. Sie lernen Tierpflege, Gartenbau, Reiten oder auch Filzen. Vormittags kommen oft

Kinderbauernhof im Mauerpark

Die Kaninchen im Moritzhof

Kindergartengruppen oder Schulklassen, nachmittags kommen Kinder aus der Nachbarschaft, darunter sind etwa 30, die regelmäßig da sind.

Leider ist die Existenz des Moritzhofs derzeit in Frage gestellt, weil das Land Berlin erneut gegenüber den Verwertungsinteressen der stadteigenen Bahn einknickte, obwohl der Mauerpark zum *European Green Belt* gehört. Das europäische Grüne Band soll die alten Grenzstreifen des *Eisernen Vorhangs* zwischen Ost und West in eine europäische Naturschutzzone verwandeln. Die Ausdünstungen der Tiere könnten die vornehme Bewohnerschaft von gegenüber stören, heißt es. Die Folge wäre jedoch, dass die Kinder aus Pankow und Wedding etwa den Kaninchen nicht mehr bei ihren Gutenachtküssen zugucken können ...

Unterschätzen die Stadtväter eventuell die befriedende Funktion, die innerstädtisches Grün und die Sorge um Tiere haben? Zumal Berlin sich rühmen kann, eine Stadt mit einem Herz für Tiere zu sein, vergleichbar wohl nur mit London oder Stockholm.

Moritzhof
Schwedter Straße 90, 10437 Berlin-Mitte
www.jugendfarm-moritzhof.de
Träger: Netzwerk Spiel/Kultur Prenzlauer Berg e.V.
Anfahrt: Tram M10 (Friedrich-Ludwig-Jahn-Sportpark), Bus 247 (Gleimstraße)
Kontakt: 030-440 242 20, moritzhof@netzwerkspielkultur.de
Öffnungszeiten: Montag bis Freitag 11 bis 18 Uhr

38 Der geheime Garten

Im Dreieck zwischen Großer Hamburger, Krausnick- und Oranienburger Straße, wo man kaum Grün vermuten würden, liegt versteckt hinter den Häuserfronten ein geheimer Garten. Nach dem Öffnen des Gittertors findet sich der staunende Besucher in einer wohlgestalteten Oase wieder. Im Zentrum erhebt sich das Gelände zu zwei kleinen Hügeln mit Kinderspielplätzen unter schattenspenden Bäumen. Entlang modernisierter Wohnhäuser wuchern Blumen in bunter Vielfalt in den kleinen Parzellen der Bewohner. Während die einen Rosen ziehen, versuchen sich die anderen mit einem sich selbst generierenden Permakulturgarten. Am Montessori-Kindergarten steht ein Weidenhäuschen zwischen Beerensträuchern und Zucchini. Wir befinden uns im Krausnickpark.

Tatsächlich verdanken wir den kleinen Park der Elterninitiative *Naturkindergarten Berlin Mitte e.V.* Mitte der 1990er-Jahre setzte sich eine Gruppe für den Minipark ein, deren Anliegen es war, die Freifläche, die zuvor dem Kindergarten der Humboldt-Universität gehörte, in Eigenregie zu übernehmen. Bis heute unterhalten und pflegen die etwa 80 Mitglieder des 1999 gegründeten Vereins *Bürgerpark Krausnickdreieck* das Gelände weitgehend selbst. Das wurde mit dem Bezirk so vereinbart, nachdem es den Bürgern gelungen war, zusammen mit der Kommune Gelder für den Stadtumbau Ost einzuwerben. Die Humboldt-Universität hatte dem Bezirk das Gelände überlassen, um zu verhindern, dass es an Investoren ging. Der Bezirk ließ mit Geldern aus dem Programm *Stadtumbau Ost* morsche Bäume fällen, alte Kindergartengebäude abreißen und Anpflanzungen vornehmen. Heute stehen die neuen Bänke und Hängematten tagsüber allen zur Verfügung, die wissen, dass man das Tor einfach öffnen kann.

Gartenbank vor dem ehemaligen Ballsaal

Im Bürgerpark Krausnickdreieck

Dieser Bürgereinsatz hat übrigens Tradition. Vor der Zeit der Französischen Revolution hatten einige Berliner hier Obst- und Gemüsegärten angelegt. Schließlich verpachtete der Besitzer der Parzelle, ein Herr Theerbusch, das Gelände an eine Gruppe von Bürgern, die den Verein *Ressource vom 10. Oktober 1784*, später *Ressource zur Unterhaltung*, gründeten. Sie schufen einen Erholungsgarten mit einem Ausflugslokal und gelegentlicher Tanzmusik. So entstand eine Art Miniprater oder Lunapark wie man sie um 1800 überall in Europa anlegte. Allerdings stand er nur Vereinsmitgliedern offen. Damit auch im Regen getanzt werden konnte, wurden im 19. Jahrhundert zwei Ballsäle errichtet. Als der Verein infolge der kriegsbedingten Finanzkrise in den 1920er-Jahren das Gelände verkaufen musste, übernahm es der Staat Preußen. Er überließ es der Universität als Studentenhaus. Nach 1945 wurde einer der Ballsäle zu einem Hörsaal umgestaltet, der andere zum Kindergarten. So steht der heutige Bürgergarten als versteckter öffentlicher Park in Bürgerregie in bester Tradition.

Bürgerpark Krausnickdreieck

Oranienburger Straße 19/20, 10178 Berlin-Mitte
www.krausnickpark.blogspot.de
Träger: Bezirksamt Mitte, Verein Bürgerpark Krausnickdreieck e.V.
Anfahrt: U8 (Weinmeister Straße), Tram M1, Tram M5, Tram 12 (Monbijoupark)
Kontakt: info@krausnickpark.de, 030-275 960 89 (Naturkindergarten)
Öffnungszeiten: täglich von 9 Uhr bis Einbruch der Dunkelheit

Der *Interkulturelle Gemeinschaftsgarten Himmelbeet* liegt vis à vis zum Leopoldplatz, im dicht bevölkerten Wedding. Der Bezirk stellte die Schulfläche von
1 500 Quadratmetern den Initiatoren mietfrei zur Verfügung, wenn auch nur auf
Zeit. Sozusagen als Trost, nachdem die Anfangsidee eines Dachgartens auf einem Einkaufszentrum wegen finanziell nicht zu erfüllender Statik- und Sicher-
heitsvorschriften aufgegeben werden musste. Die wohl auch aus dem Vorhaben
eines Dachgartens resultierende großzügige Anfangsförderung blieb dem Projekt jedoch erhalten. So konnte das Himmelbeet mit einem gelernten Gärtner
als bezahlter Fachkraft gleich voll durchstarten. Auf diese Art und Weise hält
mitten im alten Arbeiterquartier Wedding das Himmelbeet für die wenig gar-
tenverwöhnte Nachbarschaft ein niedrigschwelliges Mitmachangebot bereit.

Die bunt gemischte Anwohnerschaft war von Anfang an interessiert und
gerne bereit, mitzugärtnern: türkische Familien genauso wie Kindergärten,
Volkshochschulen sowie eine Behindertenwerkstatt. Andere Nachbarn genie-
ßen das Café inmitten des Gartens oder andere Angebote, wie etwa abendli-
che Tangokurse. Zur bunten Palette der Gartennutzer kommen die Inhaber der
Pachtbeete hinzu, die zu den Akademikern der Nachbarschaft gehören. Die
Kooperation mit der kommunalen Ebene, dem Bezirk, ist eng. Das Himmel-
beet darf das Wasser aus dem nahegelegenen Hydranten kostenlos nutzen. Der
Garten Himmelbeet ist kein Verein, sondern wird von seiner Initiatorin Hanna
Linsmaier als eine gemeinnützige GmbH geführt. Die durch Fördergelder, die
Pachtbeete oder das Café erzielten Einnahmen dienen dazu, die Stellen der we-
nigen Hauptamtlichen samt der Gartengeräte, Erde, Bauhölzer etc. zu finanzie-

Gießkannen am Leopoldplatz

Ruhiges Plätzchen im Himmelbeet

ren. Ohne seine vielen ehrenamtlichen Helfer wäre aber auch das Himmelbeet nicht denkbar.

Der Garten umfasst etwa 50 verschieden große Gemeinschaftsbeete und zudem etwa 150 Pachtbeete. Die für die Pachtbeete als Jahresbeitrag erhobenen 60 Euro sind eine Grundlage der Finanzierung des Gartens. Für ihren Jahresbeitrag erhalten die Pächter ein auf Paletten stehendes Kistenbeet voll mit Erde und durch Kaninchendraht geschützt. Sie bekommen zudem Kompost und Wasser sowie, natürlich nur leihweise, die erforderlichen Gartengeräte. Dazu kommen in der allsamstäglichen Gartensprechstunde gute Ratschläge, wie man am besten nachhaltig gärtnert. Zudem haben sie die Möglichkeit, an den vom Projekt Himmelbeet angebotenen Gartenworkshops zu einem reduzierten Preis teilzunehmen. Zukünftig hoffen die Projektinitiatoren auch durch die Beratung beim Aufbau weiterer Gemeinschaftsgärten ein Einkommen für sich und den Garten generieren zu können.

Himmelbeet
Ruheplatzstraße 12/Ecke Schulstraße, 13347 Berlin-Wedding
www.himmelbeet.com
Träger: Himmelbeet gGmbH
Anfahrt: U6, U8 (Leopoldplatz)
Kontakt: 0162-298 72 05, mail@himmelbeet.com
Öffnungszeiten: in der Saison außer montags täglich 12 bis 20 Uhr

TOUR 6
Von Neu-Tempelhof
nach Köpenick

Frühsommerblüte im Landschaftspflegehof

Auf einer Anhöhe über dem Senkgarten am Wolffring steht eine schlichte Rund-kirche: »Kirche auf dem Tempelhofer Feld« steht am Zaun. Beim Radeln entlang der gartenstadt-typischen halbrunden Grünanlagen stoßen wir auf hübsche grüne Plätze und Obstbäume auf den Mittelstreifen. Dazwischen bieten schmale Gänge, sogenannte Wirtschaftswege, auch den Anwohnern aus den dazugehöri-gen Mietshäusern kuschelige Wege und gelegentliche Blicke in verschwiegene Gärten. Manche Jahre gab es kleine Nachtmusiken im Senkgarten respektive dem Park unter der Brücke: Die Gartenstadt Neu-Tempelhof. Die Gartenstadt liegt auf dem westlichen Teil des Tempelhofer Feldes. Das preußische Militär kaufte das Gelände den Tempelhofer Bauern ab 1825 nach und nach ab, um dort Paraden abzuhalten. Abends und an Wochenenden stand das Areal den auch damals das Grüne suchenden Berlinern offen. Als das Militär das Gelände 1910 verkaufen wollte, ging ein Aufschrei der Empörung durch die Berliner Bevölke-rung: Man solle das Gelände für die eines Auslaufs bedürftige Jugend erhalten, zumal ihr das Geld für Fahrten ins Umland fehle! Aber das Militär spielte das Dorf Tempelhof, das damals zu Teltow gehörte, und die Stadt Berlin, die zu jener Zeit nur bis zum Kreuzberg reichte, so geschickt gegeneinander aus, dass doch gebaut werden konnte. War es ein Kompromiss, dass eine Gartenstadt entstehen sollte? Da das Militär das Gelände aber sehr teuer verkauft hatte, wurden entlang der Dudenstraße zunächst hohe Mietshäuser gebaut, die die Sozial- und Lebens-reformer entsetzten: Schon wieder diese ungesunden sonnenlosen Hinterhöfe!

Nachdem die ersten Blocks am heutigen Platz der Luftbrücke fertig waren, kam der Erste Weltkrieg. Nach Kriegsende hatte keiner mehr Geld und so plä-

Der ganze Stolz der Anwohner-Initiative: der Rosengarten ...

... der Gartenstadt Neu-Tempelhof

dierten entschiedene Sozialpolitiker erfolgreich dafür, dass eine Selbstversorgersiedlung entstand, also eine Gartenstadt mit bescheidenen Reihenhäuschen. Die Straßen wurden verschmälert, um die Gärten vergrößern zu können. Da der Bau aus öffentlichen Mitteln erfolgte, wurden die Häuser an durch den Krieg geschädigte, kriegsversehrte oder Soldaten ohne Berufsausbildung vergeben. Wie in Kleingärten galt auch hier ein »Gemüseanbaugebot«, das verpflichtet, einen Teil des Gartens mit Gemüse zu bestellen, um die Subventionierung und niedrige Preise zu legitimieren.

Auch nach dem Zweiten Weltkrieg und erneut nach der Wiedervereinigung 1990 fehlte dem Bezirk das Geld, die Grünanlagen und Senkgärten wiederherzustellen oder zu pflegen. So gründeten Bewohner 2006 die Bürgerinitiative *Parkring e.V.* und kümmern sich nun selbst um die Pflege des Grüns. Mit dem Landesdenkmalamt wurde verabredet, dass die Wiederherstellung der Anlagen bezuschusst wurde, während der Verein die praktische Pflege übernahm. Besonders stolz ist die Gruppe auf ihren Senk- sowie Rosengarten am Rumeyplan.

Gartenstadt Neu-Tempelhof

Wolffring/Rumeyplan, 12101 Berlin-Tempelhof, www.parkringneutempelhof.de
Verein: Parkring e.V. Gartenstadt Neu-Tempelhof, Schulenburgring 127
Anfahrt: U6 (Platz der Luftbrücke), S41, S42 (Tempelhof)
Kontakt: kontakt@parkringneutempelhof.de; paulus-kuesterei@rundkirche.de
Öffnungszeiten: Zugang zu den Grünanlagen der Gartenstadt jederzeit möglich

41 Schöneberger Südgelände am Abhang des Weinbergs

Oberhalb der tosenden Autobahn liegt am Nordsüd-Radweg durch Schöneberg ein Dschungel. Es handelt sich um die Gartenarbeitsschule Schöneberg. Zugänglich ist sie vom Haupttor am Schöneberger Südgelände aus, über nunmehr hundert Jahre lang erfolgreich verteidigte Kleingartenkolonien mit lustigen Scherz- oder Sehnsuchtsnamen. Das Gelände der Gartenarbeitsschule selbst ist mit 21 200 Quadratmetern vergleichsweise groß. Davon wird die Hälfte von jeweils 15 Schulklassen begärtnert. Ein Senkgarten kommt bei den alljährlichen Festen zur Geltung. Im Gelände des dazugehörigen *Freilandlabors* bauen die Schüler zudem beispielsweise Roggen an oder beobachten die Tierwelt im Tümpel und an den Trockenmauern. Im Jahr kommen etwa 5 000 Schüler, um ihre Beete zu pflegen oder im Winter Vogelhäuschen zu bauen.

Die Gartenarbeitsschule Schönberg ist heute eine der wenigen, die noch auf dem angestammten Gelände wirkt. Sie wurde 1922 auf Kriegskartoffelland für Kleingärtner gegründet. Engagierte Reformpädagogen wie Friedrich Haak schufen sie mit Hilfe des von der damals neuen Werkschul-Idee überzeugten Schulrats Hannemann. 1924 wurde die Wasserleitung gelegt und seither ist die Gartenarbeitsschule offiziell in Betrieb. Vormals handelte es sich übrigens um einen Teil des Geländes des großen Güterbahnhofs in Schöneberg: Schon damals wandelte man Eisenbahnland in Grabeland. Der sanft ansteigende, gepflegte Weinberg wurde 1988 mit Hilfe von Weinberg-Dörfern an der Nahe angelegt. Auf 300 Quadratmetern gedeihen 200 Rebstöcke der Sorte Riesling. 2012 konnten ganze 590 Kilogramm Trauben geerntet werden.

Als die Gartenarbeitsschule Schöneberg nach der Wende infolge der Sparpolitik geschlossen werden sollte, wurde 1998 der *Verein zur Förderung des Weinbergs und der Gartenarbeitsschule in Schöneberg e. V.* ins Leben gerufen. Er besteht vor allem aus lokalen Honoratioren, die sich quer durch die Fraktionen hindurch für den Erhalt ihrer Gartenarbeitsschule einsetzen. Als Weingärtner arbeiten sie samt und sonders ehrenamtlich: Zweimal im Jahr treffen sich die

Schulklassenbeete und Jungpflanzenanzucht ...

... in der Gartenarbeitsschule Schöneberg

ehemaligen Bürgermeister und Stadträte des Bezirks und schneiden oder ernten feierlich *ihren* Wein. Anschließend geht die Ernte zum Keltern nach Bad Kreuznach und wenn der fertige Wein zurückkommt, wird gefeiert. Ansonsten dienen die Flaschen ausschließlich als feierliche Geschenke der Bürgermeister z.B. an andere Bürgermeister, etwa im Rahmen von Städtepartnerschaften. Den Beteiligten geht es darum, zur Freude für sich und andere innerstädtisches Grün zu erhalten und Kindern das Leben mit und in der Natur nahezubringen. Denn schließlich lernen wir alle am meisten durch die Praxis am Busen der Natur. Empfehlenswert ist anschließend ein Gang durch den benachbarten Naturpark Schöneberger Südgelände, der im Film zur Internationalen Gartenschau, der IGA, in München als einer der ersten wesentlich durch Bürgerinitiative entstandenen Landschaftspark vorgestellt wurde.

Gartenarbeitsschule und Freilandlabor Tempelhof-Schöneberg
Sachsendamm 34/35,10829 Berlin-Schöneberg
www.gast-s.de
Träger: Bezirksamt Tempelhof-Schöneberg
Anfahrt: S41, S42 (Südkreuz), Bus M46, Bus 248 (Sachsendamm/Gotenstraße)
Kontakt: 030-902 774 389, gast-s@t-online.de
Öffnungszeiten: erster Sonntag im Mai und nach Anmeldung

42   Selbstversorgersiedlung Lindenhof

Südlich des Schöneberger Südgeländes liegt die Lindenhof-Siedlung, eine Selbstversorger- und Wohngenossenschaft aus den frühen 1920er-Jahren, die insbesondere für Arbeiter gedacht war. Noch heute sieht der südliche Teil der Siedlung entlang der Röblingstraße wie zur Zeit der Bebauung aus. Einfache Reihenhausketten mit kleinen Gärten liegen rings um einen offenen Innenhofbereich mit Spielflächen. Ein für alle zugänglicher Fußweg führt hindurch und gewährt Einblicke in die bunten, nur 80 Quadratmeter großen Gärten. Der Siedlungsteil nördlich der Straße liegt um einen grünen Innenbereich rings um zwei Seen mit alten Weiden. Was hier zum Teil fehlt, sind die kleinen Gärten, die ehedem auch hier zum Zweck der Selbstversorgung zu den allermeisten Wohnungen dazu gehörten.

Die vor dem Ersten Weltkrieg schnell wachsende Stadt Schöneberg betrieb entsprechend dem sozialpolitischen Diskurs der Zeit eine umsichtige Bodenpolitik. Die Kommune kaufte in weiser Voraussicht größere Grundstücke, um Wohnungen mit erschwinglichen Mieten zu errichten. Dazu gehörte auch der Lindenhof samt Park und Seen. Erste Planungen einer Siedlung entstanden bereits 1914, wurden aber durch den Krieg unterbrochen. 1918 sollte die Bebauung beginnen, zunächst plante man einfache Flachbauten mit Nutzgärten.

Weil der Hunger der vielen Erwerbslosen groß war, drängte die Schöneberger Stadtverordnetenversammlung auf einen raschen Baubeginn. Daher schlug der Baustadtrat die Gründung einer kommunalen Wohnungsbaugesellschaft, die serielle Fertigung der Häuser und die Umgehung des Instanzenweges, also ohne ein baupolizeiliches Ja vom Land Preußen, vor und so wurde es dann auch

Die Teiche der Lindenhof-Siedlung ...

... genossenschaftliches Wohnen mit Garten

gemacht. Die heute noch existierende Mietergenossenschaft entwickelte während der 1920er-Jahre ein funktionierendes Gemeinschaftsleben, das durch die Denunziationen während der Zeit des Nationalsozialismus wieder einbrach. Nach wie vor sind dank der noch immer existierenden Genossenschaft die Wohnungspreise bezahlbar. Der Wiederaufbau der zerstörten Teile in der Zeit nach dem Zweiten Weltkrieg verfolgte allerdings nicht mehr den Entwurf einer Selbstversorger- und Gartensiedlung. Man änderte die Fassaden und verwandelte viele Gärten in Grünanlagen. Immerhin steht die seiner Zeit sogenannte Gartenstadt heute unter Denkmalschutz.

Die Berliner Geschichtswerkstatt hat übrigens bereits 1987 eine informative Geschichte des Lindenhofs erarbeitet und publiziert: »Das war 'ne ganz geschlossene Gesellschaft hier ... Eine Genossenschafts-Siedlung in der Großstadt.«

Siedlung Lindenhof

Arnulfstraße, 12015 Berlin-Schöneberg
Träger: GeWoSüd Genossenschaftliches Wohnen Berlin-Süd eG
Anfahrt: S2, S25 (Priesterweg), Bus 204 (Eythstraße), Bus 170,
Bus 174 (Arnulfstraße)
Kontakt: 030-754 49 10, info@gewosued.de
Öffnungszeiten: Zugang jederzeit möglich

43   Kinderbauernhof und Gründächer mit Café

Eine Openair-Bühne, ein Café mit eigener Bäckerei, ein Kinderbauernhof mit Reitplatz und Biotop und dazu viel bewunderte Gründächer auf 4 000 Quadratmetern Dachfläche: Das alles ist Teil der ufaFabrik, die auf einem Gelände von insgesamt 18 566 Quadratmetern liegt. Das internationale Kulturzentrum zieht im Sommer verschiedene Theatergruppen an und beherbergt zudem Berlinbesucher im eigenen Gästehaus. Die Bewohner der ufaFabrik arbeiten in der ältesten Berliner Öko-Bäckerei nebst dazugehörigem Laden, im Café *Olé* sowie dem erstaunlich vielfältigen *Nachbarschafts- und Selbsthilfezentrum NUSZ*, zu dem auch der Kinderbauernhof gehört. Es gibt zudem einen Zirkus, eine Kinderzirkusschule und eine Samba-Band.

Das Projekt ufaFabrik begann vor über 35 Jahren, im Juni 1979, als über hundert Studenten, Aussteiger, Künstler und andere Freischaffende die leerstehenden Gebäude der ehemaligen UFA-Film-Produktions-Gesellschaft in Berlin-Tempelhof besetzten, um sie vor dem Abriss zu bewahren. Ab 1980 wurden zusammen mit Forschungsprojekten der Technischen Universität Berlin die Gründächer eingerichtet, die Fassaden begrünt und Pflanzenkläranlagen und Komposthaufen angelegt, die zumindest einmal im Jahr anlässlich des Langen Tags der Stadtnatur dem Publikum gezeigt werden.

Der Kinderbauernhof in der ufaFabrik entstand kurz nach der Gründung, als Schweine, Esel, Geflügel und Kaninchen einen Platz in der Kommune bekamen. Die soziale Funktion des Kinderbauernhofs haben die Ufa-Leute übrigens für manche Jahre genau dokumentiert. 2011 kamen regelmäßig etwa 25 Kinder zum Bauernhof und bis zu 60 weitere Kinder täglich. Jährlich finden zwei bis drei

Bei Berlinbesuchern sehr beliebt: die ufaFabrik

Bäckerei, Gästepension und Café Olé

größere Feste statt, an denen bis zu 300 Kinder teilnehmen. Der Kinderbauernhof ist nämlich Teil respektive eine Einrichtung der offenen Jugendarbeit, die das große Nachbarschaftszentrum NUSZ der ufaFabrik anbietet, neben vielerlei Angeboten wie etwa Gruppen und Beratungen für Schwangere, junge Mütter, Mädchen, Krebskranke etc. Die Arbeit des Kinderbauernhofs beziehungsweise des NUSZ ist damit wichtiger Teil der sozialpädagogischen Angebote der freien Träger des Bezirks Tempelhof-Schöneberg. Der Kinderbauernhof trägt selbst zwei feste Mitarbeiterstellen.

Dank der Kinder entspannte sich übrigens schon bald das Verhältnis mit der Nachbarschaft, die anfangs gegenüber der »Kommune« sehr misstrauisch war. Es dauerte lange Jahre, bis ein Bürgermeister Berlins zugestand, dass die ufaFabrik eine besondere kulturelle Einrichtung und Attraktion der Stadt ist.

Kulturzentrum ufaFabrik

Viktoriastraße 10 –18, 12105 Berlin-Tempelhof
www.ufafabrik.de
Träger: ufaFabrik e.V.
Anfahrt: U6 (Ullsteinstraße), Bus 170 (Friedrich Karl Straße), Bus 246 (Attilaplatz)
Kontakt: 030-755 030, info@ufafabrik.de
Öffnungszeiten Kinderbauernhof: Montag 13 bis 18 Uhr, Café Olé: täglich 11 bis 22 Uhr

44   Eine ökologische Kleingartenanlage

Eine fantasievoll angelegte Pflanzenpracht versteckt hinter Zäunen und Gestrüpp: Die ökologische Kleingartenanlage des *Landschaftspflegehofs e.V.* in Mariendorf ist immer noch ein Geheimtipp. Die Anlage steht Besuchern allenfalls unter der Woche offen, solange in der Ausbildungs- und Beschäftigungsgesellschaft des Berufsförderungswerks Unterricht stattfindet. Der Name *Landschaftspflegehof e.V.* stammt von der ersten Firma, mit der sich die ökologische Kleingartenanlage die sechs Hektar Kirchenland teilte. Deren Nachfolgerin ist das Berufsförderungswerk *inab*, mit dem sich die Ökogärtnerinnen seit 1989 das Friedhofserwartungsland teilen.

Das Gemeinschafts-Gartenprojekt hat sich einer hundertprozentig nachhaltigen Naturpflege verschrieben. Lärmende Motorrasenmäher sind verboten, ebenso wie Zäune zwischen den Parzellen, stattdessen grenzen Wildhecken die einzelnen Grundstücke voneinander ab. Gruppen von mindestens drei Erwachsenen, die nicht miteinander verwandt sind, beackern die Parzellen. Da es sich um eine private Kleingartenanlage handelt, sind Bäume statthaft. Faszinierend ist die Vielfalt der selbstgebauten Lauben. Anfangs wurden sie alle komplett aus recyceltem Material errichtet, später kamen Lehm- oder Strohballbauten dazu sowie einfache, bunt bemalte Holzhütten. Die ökologische Kleingartenanlage hat heute rund 280 Mitglieder, dazu kommen 50 Kinder. Sie ist sicher eine der wenigen Gartenkolonien, die zeitweilig einen rein weiblichen Vorstand hatte. In den Anfangsjahren, als die Arbeit als nicht zu bewältigen erschien, entschied die Gruppe sich gegen Förderanträge, um nicht von Ämtern abhängig zu sein, daher beträgt die Pachtgebühr das Vierfache von normalen Kleingärten. Die Kirche finanziert aus den Einnahmen eine halbe Kindergärtnerinnenstelle.

Das Besondere ist die fantasievolle Blumenpracht, die viele grüne Daumen verrät. Empfehlenswert ist ein Besuch Mitte Juni zum Langen Tag der Stadtnatur, wenn Rosen, Jasmin und Akelei blühen. Außerdem können die Beerenhecken mit den geheimnisvoll schmalen Wegen und die schönen Hochstamm-

Größtenteils selbst gezimmerte Gartenhäuschen ...

... in der ökologischen Kleingartenanlage Landschaftspflegehof

Obstbäume, wie sie auf kommunalem Land nicht mehr erlaubt sind, bewundert werden. Nur der Gemüseanbau beschränkt sich infolge der Schneckenplage auf kleine Beete, denn die über das gesamte Stadtgebiet verstreut wohnenden Gärtnerinnen können abends nicht schnell noch einmal zum Schneckenabsammeln vorbeikommen.

Der *Landschaftspflegehof* garantiert einen wichtigen Beitrag zum Erhalt der Biodiversität in Berlin. Das wurde 2004 bei einer Bestandsaufnahme im Rahmen des GEO-Tages der Artenvielfalt offiziell festgestellt. Auch klimapolitisch ist der Garten eine wichtige CO_2-Senke. Dank der Schattenbäume fehlt auch die Dimension in die Höhe nicht. Dadurch wirkt die Gartenkolonie kein bisschen spießig im Gegensatz zu herkömmlichen Laubenkolonien, denen Bäume versagt sind. Die Anlage ist seit 1996 im bezirklichen Bebauungsplan als Dauerkleingartenanlage abgesichert.

Landschaftspflegehof

Asternweg, 12109 Berlin-Mariendorf
Träger: Landschaftspflegehof e.V. in Mariendorf
Anfahrt: U6 (Ullsteinstraße), Bus 277 (Friedhof Mariendorf)
Kontakt: lph-vorstand@gmx.de
Öffnungszeiten: nach Vereinbarung und wochentags von 10 bis 16 Uhr, falls das Tor am Asterweg offen steht

45   Die gerettete Feldmark

Am Südrand Berlins setzten sich nach der Wiedervereinigung Naturschützer dafür ein, dass der Stadtrand nicht allzu regellos bebaut wurde. »Rettet die Marienfelder Feldmark« war über viele Jahre eine in Berlin weithin anerkannte Bürgerinitiative. Schließlich gelang es, entlang des Marienfelder Mauerstreifens ein Eidechsenhabitat, einen Wald samt Wanderwegen und ein 5500 Quadratmeter großes Areal für einen Interkulturellen Generationengarten zu retten. Der Garten wurde 2010 eröffnet und nach der angrenzenden Straße Blohmgarten genannt. Da die Gärtner keinen eigenen Verein gründen wollten, baten sie den Nachbarschaftsdienst der ufaFabrik, die Trägerschaft zu übernehmen.

Die Idee des Generationengartens ist es, Menschen ohne eigenen Garten generationen- und kulturenübergreifend das Gärtnern zu ermöglichen. Tatsächlich werkelten im Sommer 2015 36 Menschen aus fast allen Stadtteilen in jeweils 20 Quadratmeter großen Beeten. Für die Beete entrichten die Gärtner einen Beitrag von zehn Euro im Monat. Freiwilligeneinsätze beispielsweise des rbb, also des Rundfunks Berlin-Brandenburg, bei denen die Belegschaft einen Tag lang mit allen Mann im Garten arbeitet, halfen, eine aus einer untergepflügten Laubenkolonie gerettete Gartenhütte aufzustellen, einen zentralen Weg anzulegen und zu pflastern sowie einen Brunnen zu finanzieren und zu bohren. Wie überall bei der Neueinrichtung von Interkulturellen Gärten half die Stiftung *Interkultur* mit Finanzmitteln für das Nötigste wie Zäune, Wassertonnen und Geräte sowie den zugehörigen Workshops.

Entstanden ist ein wahres Paradies mit wunderschön blühenden Staudenbeeten, schattigen Sitzecken und äußerst beeindruckenden Kohlköpfen. Der

Gemüseanbau in der geretteten Feldmark

Der Blohmgarten in Marienfelde

Garten steht Besuchern jederzeit offen, sie dürfen umherwandeln oder sich auf die Stühle und Bänke setzen und die Pracht genießen oder aber sich von den anwesenden Gärtnern alles erklären lassen … Der hohe Maschendrahtzaun um das Grundstück schützt den Garten vor Wildfraß und anderen unerwünschten Erntehelfern, denn in der Umgebung gibt es neben Eidechsen auch Rebhühner, Rehe, Feldhasen und Jugendliche und Spaziergänger mit Sammel- und Jagdgelüsten.

Bevor das Paradies zustande kommen konnte, war die BI »Rettet die Marienfelder Feldmark« und darin besonders Michael Delor über Jahrzehnte rührig. Mitte der 1980er-Jahre erreichte sie, dass Lärm- und Geruchsbelästigungen durch Klärwerk und Industrie reduziert wurden. In den 1990ern setzten sie sich für den Erhalt des Grenzwegs als Wanderweg ein. Sie stießen die Umweltpolitik im Bezirk Tempelhof an und regten den Garten an. Kein Wunder, dass diese BI zahlreiche Preise bekam.

Interkultureller Generationengarten Blohmgarten

Blohmstraße 71–73, Ecke Egestorffstraße, 12307 Berlin-Mariendorf
Träger: NUSZ ufaFabrik e.V., Viktoriastraße 13, 12105 Berlin
Anfahrt: S2 (Lichtenrade), anschließend ein rund 20-minütiger Fußweg
Kontakt: 030-755 031 46, generationengarten@nusz.de
Öffnungszeiten: Zugang jederzeit möglich

Dort, wo Berlin in den Landkreis Teltow-Fläming hineinreicht, liegt der Volkspark Lichtenrade. Der Park hat zwei sanfte Anhöhen, eine Vielfalt an Bäumen und ist umringt von Hochhaussiedlungen. Besucher, die eine Führung wünschen, werden zum Werkhof an der Carl-Steffeck-Straße, Ecke Hanowsteig geladen, wo man sich zweimal wöchentlich zum Arbeitseinsatz trifft, denn der ganze Park wird ausschließlich von Freiwilligen gepflegt. Der dazu gehörige Verein hat um die hundert Mitglieder, zehn bis 25 von ihnen sind aktiv.

Wie kommt es zu so viel Engagement in einem Vorort? Vor der Wiedervereinigung fühlten sich die Lichtenrader eingesperrt, war ihr Stadtteil doch an drei Seiten von der Mauer umgeben. Sie kamen kaum noch raus, denn eine Fahrt ins »Jrüne« dauerte quer durch die DDR Stunden. Als während des Baubooms der 1970er-Jahre überall geklotzt wurde, wurde daher schnell klar: Es blieb zu wenig offenes Grün! Als der letzte freie Acker bebaut werden sollte, griffen sie zur Selbsthilfe und begannen, ihn zu bepflanzen. Das war im September 1979. Im Januar des Folgejahres setzten sie Tannenbäumchen und zeigten damit: Wir werden bleiben! Volkspark nannten sie es, um den Behörden ein großes zusammenhängendes Gelände abhandeln zu können. Nach langem zähem Ringen kam endlich der Erfolg und am 1. Juni 1989 konnte der Pachtvertrag unterschrieben werden.

Dabei hatte sich die Bürgerinitiative »Lichtenrade-Ost e.V.« (BILO) bereits im Juni 1981 in den potentiellen Trägerverein *Lichtenrader Volkspark e.V.* gewandelt und auch schon früh erste Erfolge verzeichnet, denn als – dank der Hausbesetzer – die Idee vom behutsamen Stadtumbau Fuß fasste, verzichtete die örtliche

Zweimal pro Woche freiwillige Parkpflege ...

... mit stolzem Dahlienbeet: Lichtenrader Volkspark

evangelische Kirchengemeinde auf Bauvorhaben und überließ der Bürgerinitiative ihr Land. 1986 erwarb Berlin den Grund, um ihn dem Trägerverein für 20 Jahre kostenlos zur Verfügung zu stellen.

Unterstützung kam auch aus der Partnerschaft mit dem Landkreis Cham in Bayern. Die Chamer spendeten Bäumchen und Parkbänke. 2008 bekam der Trägerverein den Preis für bestes Umweltengagement, als ältester Verein in Berlin, der einen ganzen Park ehrenamtlich unterhält. Später wurde auch der unermüdliche Vorsitzende Wolfgang Spranger ausgezeichnet. Heute sind fast alle Parkaktivisten im Rentenalter und wundern sich über die Politiker. Wäre es nicht eine schöne Form der Anerkennung ihres nun über 30 Jahre währenden Engagements, wenn die Verwaltung die Pflege übernähme? Und hat es nicht Tradition, dass der Staat hegt und pflegt, was Bürger einstmals schufen?

Lichtenrader Volkspark

Großziethener Straße, 12309 Berlin-Lichtenrade
Träger: Lichtenrader Volkspark e.V.
Anfahrt: Bus 175, Bus X76 und Bus X83 (Taunusstraße)
Kontakt: 030-745 26 30 oder 030-745 98 06
Öffnungszeiten: Zugang jederzeit möglich,
Aktiventreffen Mittwoch und Samstag von 10 bis 12 Uhr

47   Datschen »wie in Sibirien«

Wenn man den Mauerradweg im Süden Berlins entlang radelt und die historischen Siedlungen *Eigenheim I* und *II* durchquert, dann ist man schon fast angekommen. Wir befinden uns in einem Stadtteil mit teilweise holprigen Wegen und wenig Bäumen, aber zahlreichen Neubauten jeder Art, die wahllos in das ehemalige Kleingartengelände hineingebaut wirken. Aber dann, hinterm Maschendraht, ein großer Garten mit gemeinschaftlicher Rasenfläche, Dorfhütte, Feuerstelle und einem einzelnen hohen Baum: der Interkulturelle Garten *Datscha* in Altglienicke. Überall blühen Dahlien und Phlox, ranken Bohnen, Wein und Brombeeren.

Der Gemeinschaftsgarten *Datscha* existiert seit 2007. Er befindet sich in der Obhut des rührigen Köpenicker *Agenda-21-Vereins*. Der Förderverein *Lokale Agenda 21 Treptow-Köpenick e.V.* besitzt bei den lokalen Politikern und im Bezirksamt höchste Anerkennung. Auch deshalb, weil er bereits seit dem Wendeprozess klug mit den Kirchen zusammenarbeitet und ein Teil des aktiven Ökumeneprozesses im südöstlichen Berlin ist. Der Bezirk Köpenick-Treptow verdankt dieser Zusammenarbeit mehrere Interkulturelle Gärten.

Die Besonderheit dieses Gartens sind – der Name sagt es – die Hütten. Alle sind aus allerlei recycelten Materialien gebaut, »so wie in Sibirien«, meint einer der Gärtner scherzhaft. Eine ist lustiger als die andere, meist messen sie kaum vier Quadratmeter im Geviert. Sie dienen als Regenunterstand, Geräteschuppen und Sonnenschutz. Vor allem aber dienen sie als Rankgerüst und zum Auffangen von Regenwasser, denn der Garten ist abgelegen und schattenlos, so dass man hier alle Augen zudrückte und den Gärtnern zugesteht, was in anderen

Selbstgezimmerte Minidatschenhäuschen ...

... als Weinrankhilfe und zwecks Regenwasser-Auffang

Interkulturellen Gärten ausgeschlossen ist: eben diese Holzlauben als Regenfänger und Unterstände. Die meisten der Gärtner stammen aus den Ländern der ehemaligen Sowjetunion. Ihre individuellen Parzellen sind mit 40 Quadratmetern vergleichsweise groß, sodass eine solche Mini-Hütte drauf passt. Spielte denn nicht in der ehemaligen Sowjetunion die Datscha, das Wochenendhaus mit Gemüsegarten, eine überlebenswichtige Rolle? Und zwar sowohl für die Seele als auch für das tagtägliche Überleben durch Selbsthilfe, Tauschökonomie und Eigenbau.

Bei der Einrichtung dieses Interkulturellen Gartens half besonders die *AG Interkulturelle Gärten* in Berlin und Brandenburg unter Leitung von Gerda Münnicht. Sie ist infolge ihrer Beratungstätigkeit wohl diejenige Berlinerin, die nahezu alle neuen Gemeinschaftsgärten und ihre Aktiven auch persönlich kennt.

Interkultureller Garten Berlin-Altglienicke

Mohnweg, Ecke Nelkenweg, 12524 Berlin-Altglienicke
Träger: Förderverein Lokale Agenda 21 Treptow-Köpenick e.V.,
Arbeitsgruppe Interkultureller Garten Altglienicke
Anfahrt: S9 (Altglienicke), Bus 260 (Anne-Frank-Straße)
Kontakt: 030-655 75 61, buero@agenda21-treptow-koepenick.de
Öffnungszeiten: Zugang nach Absprache mit den anwesenden Gärtnern

48 Der Wuhlegarten von Köpenick

Dort wo die Wuhle unter einer vielbefahrenen Straße verborgen in die Spree mündet, liegt hinter hohen Bäumen der Wuhlegarten. Direkt am Wuhlewanderweg zwischen einigen Kleingärten und einem Spielplatz gegenüber dem Sportgelände Alte Försterei. Der Wuhle-Garten wurde 2004 als der erste so bezeichnete Interkulturelle Garten in Berlin gegründet. Er entstand nach dem Vorbild der Internationalen Gärten in Göttingen und wurde anfangs sowohl vom Umweltministerium als auch von der Stiftungsgemeinschaft *Anstiftung* in München gefördert. Die Initiatoren stammten aus der örtlichen Agenda-21-Gruppe in Zusammenarbeit mit einem ökumenischen Kirchenkreis. Dazu kam als Trägerverein die *Indische Solidaritätsaktion*. Gerda Münnich wurde als Betreuerin engagiert und hat seither bei der Neueinrichtung zahlreicher Interkultureller Gärten in Berlin beratend mitgewirkt.

Auf der vorbereitenden Konferenz im Winter 2002/2003 wurde der Begriff Interkulturelle Gärten als Gattungsname für diese Art von Gärten überhaupt erst geschaffen. Die *Anstiftung* richtete eigens eine Abteilung zur Förderung der Interkulturellen Gärten ein: die *Stiftung Interkultur*. Gute Beziehungen zu den örtlichen Ämtern ermöglichten es, Arbeitsbeschaffungsstellen für einige der Migranten einzurichten. Manchen ermöglichte die ABM tatsächlich den Sprung in das Erwerbsleben.

Heute gärtnern hier ungefähr 50 Personen, viele sind junge Erwachsene in binationalen Ehen mit kleinen Kindern. Alle haben 40 Quadratmeter große Parzellen, manche teilen sich diese Parzellen auch mit anderen. Dazu kommen große Gemeinschaftsflächen: Rasenflächen als Spielplatz für die Kinder, drei

Der erste Interkulturelle Garten Berlins liegt an der Wuhle in Köpenick ...

... und zieht bis heute viele Besuchergruppen an

kleine Gartenhäuschen, in denen die Gartengeräte und Kaffeemaschinen untergebracht sind und wo die Gruppe sich auch bei Regen treffen kann. Das Grundstück gehört dem Land Berlin und befindet sich in Obhut des Bezirks Treptow-Köpenick. Die Gartengemeinschaft muss als gemeinnütziger Verein keine Pacht entrichten, dafür aber für die Gehwegreinigung aufkommen sowie die Kosten für Haftpflichtversicherungen, Strom, mit dem die Wasserpumpe betrieben wird, und Wasser tragen.

Interessierte können zunächst in den Gemeinschaftsbeeten wie in den Kräuterbeeten mitmachen, bis eine Parzelle frei wird. Die Gruppe achtet darauf, dass es ein Interkultureller Garten bleibt: zu viele einer einzelnen Nationalität sollen nicht sein. Das neuste Projekt des Gemeinschaftsgartens ist der Versuch, aus dem Ertrag der Kompostklos Terra Preta »schwarze Erde« als Dünger herzustellen.

Interkultureller Garten Berlin-Köpenick

Am Cardinalplatz 1c, 12555 Berlin-Köpenick
www.wuhlegarten.de
Träger: Wuhlegarten Interkultureller Garten Berlin-Köpenick e.V.
Anfahrt: Tram 63 (Alte Försterei)
Kontakt: info@wuhlegarten.de
Öffnungszeiten: Sonntag 15 bis 17 Uhr und nach Vereinbarung

Gemüsebeete von Meine Ernte

**TOUR 7
Vom Landschaftspark
Herzberge bis zur
Wartenberg Trift**

49 Ein Stadtgarten im Landschaftsschutzgebiet Herzberge

Der Stadtgarten Lichtenberg befindet sich am Osteingang des Evangelischen König Elisabeth Krankenhauses, in der Nähe von Haus 12. Die Klinik liegt am Rande des neuen Landschaftsparks Herzfelde, der auf dem Schutt eines verlassenen Industriegeländes entstanden ist. Der Stadtgarten wurde auf der Fläche der ehemaligen Krankenhausgärtnerei angelegt. Er ist gerade mal 450 Quadratmeter groß. Es gibt eine Wiese mit Obstbäumen und jede Menge Kräuter- und Gemüsebeete und sogar einen Teich mit rosafarbenen Seerosen. Die Bewirtschaftung des Gartens erfolgt nach ökologischen Prinzipien.

Da keiner der Beteiligten unmittelbar am Garten wohnt und täglich vorbeischauen kann, wird leidenschaftlich gemulcht, um die Feuchtigkeit im Boden zu halten. Das Wasser kommt wie in vielen Gemeinschaftsgärten der Welt aus dem Feuerwehrhydranten. Die Gruppe umfasst vor allem jüngere Menschen verschiedener Nationalitäten, die das Areal gemeinsam bewirtschaften. Alle kümmern sich darum, dass der Garten ein schönes Plätzchen ist und das Gemüse wächst und gedeiht. Man teilt sich die Gartenarbeit, legt das nötige Geld zusammen und teilt die Ernte brüderlich, wenn man sie nicht gleich im Garten zusammen grillt oder auf dem gemauerten Herd kocht.

Der Stadtgarten wurde 2011 von Justin Buckley und Katharina Frosch gegründet. In der Saison 2014 waren es ungefähr zehn Gärtnerinnen und Gärtner, die regelmäßig mitarbeiteten, weitere Freunde helfen sporadisch mit. Im Jahr 2013 haben sie einmal alles gezählt: Die Gruppe schuftete etwa 1 500 Stunden im Garten und wurde dafür mit einer Ernte von etwa 1 000 Portionen Obst, Gemüse und Kräutern belohnt. Von Neueinsteigern wünscht sich die Gruppe, dass sie einen

Seerosen im Gemeinschaftsgarten Lichtenberg ...

... und wie so oft kommt das Wasser aus dem Feuerwehrhydranten

halben Tag Arbeit pro Woche für die Gartenarbeit einrechnen. Von Anfang an arbeiteten sie eng mit der *Agrarbörse* zusammen, die im Landschaftspark Schafe hält, der Dung dient ihnen als Kompostierhilfe. Beim Besuch des Gartens lohnt es sich ohnehin, auch Zeit für den Landschaftspark mitzubringen.

Der *Förderverein Landschaftspark Herzberge* ermöglicht dem Bezirk Lichtenberg, in Zusammenarbeit mit der *Agrarbörse Deutschland Ost e.V.* eine kleine Herde rauhwollige pommersche Schafe zu halten. Die Tiere halten den Rasen kurz und erfreuen die Menschen, besonders auch aus den beteiligten Kliniken. Seit langem weiß man, dass der Umgang mit Tieren für seelisch Kranke eine heilende Wirkung haben kann.

Stadtgarten Lichtenberg

Allee der Kosmonauten 23a, 10315 Berlin-Lichtenberg
www.stadtgarten.org
Träger: Förderverein Lichtenberger Stadtgarten e.V., Kooperationspartner: Agrarbörse Deutschland Ost e.V.
Anfahrt: S7, S75 (Springpfuhl), Tram 8 (Evangelisches Krankenhaus)
Kontakt: info@stadtgarten.org
Öffnungszeiten: Zugang möglich, wenn Gärtner da sind

Hinter dem Zaun liegt eine wunderschöne große Grünfläche eingebettet zwischen hohen Wohnblocks: der Interkulturelle Garten Lichtenberg. Es gibt ihn seit 2005 und er ist mit seiner Fläche von 13 000 Quadratmetern angenehm geräumig. Auf vergleichsweise großen Parzellen von ungefähr 40 Quadratmetern gärtnern zurzeit ein paar Dutzend Alleinstehende, Paare, Freundeskreise oder Familien. Eine anheimelnde Gemütlichkeit inmitten des Geländes schafft ein warmgelbes, mit Wein bewachsenes Lehmhaus. Dort befinden sich ein kleiner Gruppenraum sowie eine Küche und Sanitärräume. Schuppen bieten Geräteabstellmöglichkeiten. Hinter den Beeten gibt es zudem am Rand des Geländes eine Wiese, eine Art kleinen Landschaftspark sowie halbwildes Gelände mit halbhohem Baumbestand. Auch können Kinder hier einem Bienenlehrpfad nachspüren und ein Bienenvolk besichtigen.

Laut Satzung sollen in dem Interkulturellen Garten zumindest die Hälfte der Gärtner nicht in Deutschland geborenen sein. Migranten haben oft nicht das Geld für einen Schrebergarten und die Interkulturellen Gärten sind daher für sie eine gute Alternative. So waren es beispielsweise im Sommer 2014 etwa 150 Menschen, die sich mit oder ohne Beet an den Arbeiten im Garten beteiligten, die Gärtner stammen aus Osteuropa, Asien oder Afrika.

Ursprünglich unterhielt der Bezirk auf dem Gelände zwei Kindergärten. Als die nicht mehr gebraucht wurden, beschlossen der Migrantenrat und das Bezirksamt, das Gelände zu einem Interkulturellen Garten zu machen. Die *Sozialdiakonische Arbeit Berlin GmbH* übernahm die Trägerschaft des Vereins. Der Interkulturelle Garten Lichtenberg ist daher eines der wenigen neuen Gemein-

Gemeinschaftsbeete im Interkulturellen Garten Lichtenberg

Gemeinsames Gartenhäuschen

schaftsgartenprojekte in Berlin, das nicht ausschließlich auf ehrenamtlicher Arbeit beruht, was dem Gemeinschaftsgrün augenscheinlich guttut.

Die Leitung – viele Jahre lang war Anne Haertel die Seele »vons Janze«– hat ihr Büro in der Umwelt-Kontaktstelle, der zweiten ansprechenden Besonderheit auf dem Gelände: einem achteckigen Holzhaus. Grün gestrichen enthält es drei Büroräume. Von hier aus wird auch der Lichtenberger *Mobilitätsrat* organisiert und der Lichtenberger Newsletter *Der Stadthase* verfasst.

Übrigens hat der Bezirk Lichtenberg Wanderwege ausgetüftelt, die von der Rummelsburger Bucht durch die Wohnhöfe des Neuen Bauens im Weitlingkiez (wie den Sonnenhof) bis hin ins alte Dorf nach Malchow führen. In Malchow hält die Naturschutzstation für Interessierte ein Freilandlabor und ein Aquarium mit heimischen Fischen offen. Das *Storchencafé* ist von Mittwoch bis Sonntag geöffnet. Um den Malchower See führt zudem ein Naturlehrpfad.

Interkultureller Garten Lichtenberg

Liebenwalder Straße 12–18, 13055 Berlin-Lichtenberg
www.interkulturellergarten.de
Träger: Sozialdiakonische Arbeit Berlin GmbH
Anfahrt: Bus 256 (Landsberger Allee), Tram M6, Tram 16 (Genslerstraße oder Arendsweg)
Kontakt: 030-818 590 98, interkulturellergarten@sozdia.de
Öffnungszeiten: Dienstag 10 bis 18 Uhr, Mittwoch 10 bis 14 Uhr, Donnerstag 10 bis 18 Uhr und wenn jemand im Garten ist, Gartencafé im Interkulturellen Garten: Donnerstag 15 bis 18 Uhr

51 Garteninitiative »Wir ernten, was wir säen«

Inmitten hoher vielgeschossiger Wohnbauten blüht dort, wo ehedem nur eine Wiese und vor 1989 ein Kindergarten war, ein prächtiger Garten. Neben akkurat gepflegten Gemüsebeeten gibt es wunderschöne bunte Stauden und auch die Rasenfläche wirkt äußerst gepflegt. Ein Holzschuppen, die Kompostabteilung und die Jurte sowie einige Sitzgelegenheiten machen den neuen Interkulturellen Gemeinschaftsgarten im Ostseeviertel im östlichen Lichtenberg aus. Die Garteninitiative ist einer der größten Anwohnergärten in Marzahn-Hellersdorf.

Der 2011 eröffnete Garten entstand durch die Initiative des Pfarrers der Kirchengemeinde Am Berl. Der Pfarrer meinte, vor allem für »seine« Russlanddeutschen aus Kasachstan sei ein Gemeinschaftsgarten zu wünschen. Er sprach daher die Koordinatorin des Interkulturellen Gartens in Lichtenberg an, zumal sie beim Sozialdiakonischen Dienst beschäftigt war, und prompt wurde ihr von der Wohnungsbaugesellschaft HoWoGe ein Grundstück angeboten. Die Wohnungsbaugesellschaft hatte das entsprechende Grundstück eigens von der Stadt gepachtet, damit es nicht weiterhin ungepflegt blieb, und sah es daher gerne, dass das Grundstück von der Garteninitiative gepflegt wird, und überließ es ihr pachtfrei.

Wie gewünscht entstand ein Interkultureller Garten mit Gärtnern aus Polen, Kasachstan, China sowie einigen Kosovo-Albanern, neben den Deutschen, die natürlich auch dabei sind. Die meisten, erzählte mir die Gartenkoordinatorin, seien nach der Wende gegen ihren Wunsch zwangsweise frühverrentet worden. Sie hätten vorher ganz unterschiedliche und auch diverse leitende Positionen bekleidet. Schade sei nur, dass Menschen ohne Ausbildungsberufe das Angebot, hier zu gärtnern, nicht wahrnähmen.

Gegärtnert wird auf Gemeinschaftsflächen und in Familienbeeten in der Größe von 20 und 40 Quadratmetern. Heute steht der Garten, im Gegensatz zu den ersten Jahren, tatsächlich oft wirklich offen, wenn jemand darin arbeitet. Die Garteninitiative hat also nicht nur Schönheit und ein wenig Umweltwissen ins Quartier gebracht, sondern vor allem auch mehr Mut und Vertrauen in die Mitmenschen.

Garteninitiative »Wir ernten, was wir säen«

Wiecker Straße 8–10, 13051 Berlin Neu-Hohenschönhausen
www.garteninitiative.firmaris.de
Träger: Firmaris gGmbH
Anfahrt: Tram 4, Tram 5 (Zingster Straße/Ribnitzer Straße)
Kontakt: 030-818 590 98, garteninitiative@firmaris.de
Öffnungszeiten: Zugang möglich, wenn das Tor offen steht, Treffen Mittwoch 14.30 Uhr

Ein bunter Innenhof für die Anwohner

52 Selbsterntegärten in Wartenberg: Meine Ernte an der Grünen Trift

Auf einem freien Acker im Nordosten Berlins liegen die Gärten von *Meine Ernte*. Es handelt sich um ein Mietgartenprojekt, das vom ortsansässigen Landwirt Gerald Vogel bestellt wird. Über das Internetportal »Meine Ernte« kommt Bauer Vogel zu seinen Pächtern. Er hat ein langes Stück Acker in Reihen besät und bepflanzt. Dort wachsen Kohlköpfe, Stangenlauch, Mangold, Bohnen, Pastinaken und vieles mehr. Quer über die Gemüsereihen verlaufen die vermieteten Gartenstücke, sodass auf jeder Parzelle etwas von jeder Gemüsesorte steht. Am Zaun sind alle paar hundert Meter Wasserhähne angebracht: Gießen müssen die »Selbsterntenden« selbst, ebenso wie hacken, um den Boden zu lockern. Und schließlich müssen sie auch selbst ernten. In der Mitte des Feldes steht ein Bauwagen mit den Gartenutensilien.

Bei meinem Besuch an der Grünen Trift treffe ich auf eine Gruppe junger Gärtner, die auf ihrem Beet Unkraut zupfen. Sie versuchen, die anfallende Arbeit auf ihrer Parzelle so untereinander zu verteilen, dass kein Stress entsteht. Nach Möglichkeit trifft sich die ganze Gruppe sonntags zum gemeinsamen Jäten, Hacken und Gießen. Sie sind erstaunt, wie viel und wie gut das Gemüse gewachsen ist. Da die Pflanzen ihre Wurzeln tief in guten Mutterboden versenken können, halten sie auch sehr trockene Sommer sehr viel besser aus als die Pflanzen in den innerstädtischen Kastenbeeten. Ungefähr 120 Menschen sind an diesem Projekt beteiligt. Die Namen an den Beeten sind kreativ, offensichtlich sind viele Leute beteiligt, die Spaß an ihrem Gärtchen haben. Die Ackerfläche ist eingezäunt, man möchte die Ernte nicht unbedingt mit Hasen, Rehen oder Wildschweinen teilen.

Ökolandwirtschaft am Stadtrand: Meine Ernte

Sonntagsvergnügen: gemeinsames Unkrautzupfen

Die Mietgärten von *Meine Ernte* sind mittlerweile über ganz Deutschland verteilt, in Berlin gibt es in Rudow einen weiteren Landwirt, der »Meine-Ernte«-Ackerstücke anbietet. Die Landwirte werden etwas unabhängiger von den Großvermarktern. Die Einnahmen durch die Verpachtung der Parzellen sind fix, unabhängig vom Wetter. Die Gärtner teilen so das Risiko des Landwirtes. Das Konzept erspart dem Bauern zudem das zeitraubende Hacken und Ernten, zu dem ihm das Personal fehlt, weil das die Mit-Gärtner selbst machen. Sie wiederum erhalten im Gegenzug frisches Gemüse nicht nur aus der eigenen Region, sondern direkt vom Feld. Und natürlich handelt es sich um Bio-Gemüse. Man lerne eine Menge, erzählt mir einer der jungen Gärtner ein wenig erstaunt. Und es machte Spaß, wird mir Gespräch mit der Gruppe erklärt. Zudem bereitet das Selbsternten auch den Kindern Vergnügen, die es lustig finden, mit den Feldnachbarn über die Größen der Zucchini zu philosophieren.

Gemüsegarten Meine Ernte

Grüne Trift, 13053 Berlin-Wartenberg

www.meine-ernte.de

Träger: meine ernte Ganders und Kirchbaumer GbR

Anfahrt: Bus 256 (Lindenberger Straße/Birkholzer Weg)

Kontakt: 0228-286 171 19, info@meine-ernte.de

Zugang: auf Anfrage öffnen die Gärtner meist das Tor, der Garten ist aber auch von außen gut einsehbar

53 Ein Gemeinschaftspark für die Anwohner: Kiez-Park Fortuna

Im Nordosten der Großsiedlung Marzahn liegt zwischen hohen Plattenbauten ein neuer etwa 11000 Quadratmeter großer Anwohnerpark. Es handelt sich um den Kiezpark der Wohnungsgenossenschaft Fortuna. Der Park besteht aus einer Obstwiese mit alten Obstsorten samt Wildobsthecke, Frühblühbeeten mit Tulpen und Narzissen sowie weiteren anderen mit wilden Sommerblumen. Dazu gibt es schön gezimmerte Hochbeete, in denen Kräuter angebaut werden, und ebenerdige Beete für das eigenständige Gärtnern der Anwohner. Dazu kommen ebenfalls ebenerdige Kräuterbeete und eine Pergola. Zudem gibt es einen kleinen künstlichen Wasserlauf, einen Teich und große Rasenflächen. Und last, not least eine *Gartenzimmer* genannte Holzhütte, in der sich die Anwohner zu ihren Besprechungen auch bei Regen treffen können.

Die Beete sind nicht umzäunt, sondern liegen offen im Gelände. Seitdem der Nachbarschaftspark fertig gestellt ist, kümmert sich ein sogenannter Kiez-Beirat um die Fläche, der daran interessiert ist, dass weitere Bürger dazu stoßen und mitmachen. Die Fortuna unterhält zudem ein Serviceteam aus etwa sechs Leuten, das die Gärtnergruppe in ihren Aktivitäten und Anliegen unterstützt.

Der Anwohnerpark ist nur einer von verschiedenen Anwohnergärten, die in Marzahn-Hellersdorf entstanden, um das Wohnen »in der Platte« attraktiver zu machen. Während die meisten dieser Bewohnergärten hinter hohen Maschendrahtzäunen eher einer Miniatur-Gartenkolonie ähneln, ist der Fortuna-Park eine offene Weite, die jedermann zum Verweilen einlädt. Dafür kaufte die Fortuna das Land der Kommune für eine erhebliche Summe ab und investierte dann noch einmal, um die leere Brache, auf der zuvor zwei Schulgebäude abgerissen worden waren, in ein ansprechendes Grüngelände zu verwandeln. Durch eine Kiezstreife, einen Sicherheitsdienst, wird besonders nachts sichergestellt, dass nichts mutwillig zerstört wird. Infolgedessen ist der Vandalismus in diesem Viertel Marzahns tatsächlich besonders gering. Im Jahr 2013 wurde der

Schöner Wohnen in den Großsiedlungen aus Platten

Fortuna Kiezpark

Vorbildlicher Anwohnerpark der Fortuna-Genossenschaft

Kiez-Park als *Werkstatt N-Projekt* für seine besonders nachhaltige und bürgernahe Anlage ausgezeichnet.

Anderthalb Kilometer nördlich liegt am Knick der Golliner Straße übrigens ein weiterer 2005 mit Geldern des Stadtumbaus Ost angelegter Interkultureller Garten, der sich jedoch zu einer Art geschlossener Kleingartenanlage entwickelt hat. Für den Berlin-Besucher sind die roten schottischen Hochlandrinder, die der Bezirk Marzahn gleich nebenan im Eiche-Park am Wuhlewanderweg als Landschaftspfleger hält, bestimmt vergnüglicher anzuschauen. Der Bezirk spart durch die neue urbane Landwirtschaft Pflegegebühren, der Förderverein *Agrarbörse Ost e. V.* kümmert sich um die Tiere und kann so beispielsweise Kindergärten mit Biofleisch beliefern.

Fortuna Kiezpark

Sitzendorfer Straße, Ecke Schwarzburger Straße, 12687 Berlin-Marzahn
www.fortuna-kiezpark.de
Träger: Fortuna Wohnungsunternehmen eG
Anfahrt: S7 (Mehrower Allee), Tram M8, Tram 16 (Wuhletalstraße), Bus 197, Bus X69 (Mehrower Allee/Blumberger Damm)
Kontakt: 030-936 431 70, info@fortuna-eg.de
Öffnungszeiten: Zugang jederzeit möglich

Am nördlichen Ende des Parks an der Ludwig-Renn-Straße prunkt ein blühender Garten. Hier befand sich ehedem ein Schulgarten, der verwaiste, nachdem die dazu gehörige Schule abgerissen worden war. Der Bezirk respektive die Agenda-21-Stelle, das Grün- und Umweltamt und das Quartiersmanagement taten sich zusammen, um den ehemaligen Schulgarten in einen Nachbarschaftsgarten zu verwandeln. Seit 2006 wird auf dem Gelände nördlich des *Hochzeitsparks* gegärtnert. 2010 entstand ein geräumiges Lehmfachwerkhaus, in dem Kaffee gekocht und getagt werden kann. Im April 2015 kamen zum alljährlichen Frühjahrsputz bei schönstem Wetter etwa 15 Helferinnen. Ungefähr 25 Gärtner zählt der Garten heute.

Kitas und Schulen der Umgebung haben die Möglichkeit, eine Unterrichtseinheit in den Garten der Begegnung zu verlegen. Eine Holzhütte dient als *Grünes Klassenzimmer* und ermöglicht Kindern auch an Regentagen oder bei starker Sonne, ihren Experimenten auf der Jagd nach den Geheimnissen einer gesunden Ernährung und des ökologischen Gärtnerns nachzugehen. Die Kinder können Setzlinge ziehen oder umtopfen, aus den Pflänzchen Salate machen oder die Ernte zu Gemüsepfannen verarbeiten. Der Bau und die Durchführung wurden von *EFRE*, dem Europäischen Fond für regionale Entwicklung, gefördert.

Seitdem die anfängliche finanzielle Förderung des Gemeinschaftsgartens ausgelaufen ist, haben das Umwelt- und Naturschutzamt Marzahn-Hellersdorf und das Quartiersmanagement Mehrower Allee die Trägerschaft des Gartens an die *Agrarbörse Deutschland Ost e.V.* abgegeben. Die Agrarbörse versuchte nach

Auch für Schüler und Gruppen offen ...

... der Garten der Begegnung in Marzahn

der Wiedervereinigung, im landwirtschaftlichen Sektor Arbeitsstellen zu erhalten oder wieder einzurichten und betreut heute berlinweit Sozialprojekte, vor allem im Bereich Landwirtschaft und Bildung. Einen wichtigen Standort unterhält die Agrarbörse im alten Dorfkern Marzahns. Der Tierhof etwa entstand im letzten Bauernhof des alten Angerdorfs. Er bietet Kindern die Chance, bei der Tierpflege zu helfen. Die Agrarbörse betreibt zudem die noch aktive Bockwindmühle hinter dem Vierseithof und zusammen mit dem Heimatmuseum einen Getreide-Lehrgarten. Übrigens ist das ehemalige Angerdorf Marzahn mit Kirche, Krug, Dorfanger und Bockwindmühle sehenswert. Die Zuschnitte der Grundstücke, die Hufen, sind vielfach noch gut zu erkennen, auch wenn von ihnen nur der hausnahe Teil geblieben ist. In der alten Windmühle wird übrigens tatsächlich auch wieder gemahlen und zwar das Korn für die Bäckerei der ufaFabrik.

Garten der Begegnung

Ludwig-Renn-Straße 33b, 12679 Berlin-Marzahn
www.mehrower-allee.de
Träger: Umwelt- und Naturschutzamt Marzahn-Hellersdorf, Quartiersmanagement Mehrower Allee, Agrarbörse Ost e.V.
Anfahrt: S7 (Mehrower Allee)
Kontakt: 030-902 936 723, 0176-105 361 95, babig@agrar-boerse-ev.de
Öffnungszeiten: nach Absprache, aber auch von außen zu besehen

55 Spiel/Feld Marzahn

Dort, wo ehedem zwei Schulen standen, erstrecken sich heute die Gemüsebeete des Gemeinschaftsgartens *Spiel/Feld Marzahn*. Im Hintergrund ein großes Nachbarschaftszentrum, das Familienhaus und drumherum eine mit lichtem Baumbewuchs bestandene Weite. Marzahn ist »als eine moderne Großsiedlung« in den 1980er-Jahren um das alte Angerdorf herum erbaut worden. Nach der Wiedervereinigung verlor Marzahn binnen 15 Jahren knapp ein Drittel seiner Bevölkerung. Die Bewohner zogen entweder in die Innenstadt oder in das brandenburgische Umland. Keiner wollte mehr in den Wohnklötzen wohnen. Daraufhin riss der Stadtumbau durch »Rückbau« erhebliche Lücken in die Stadtlandschaft. Leerstehende Kita- und Schulgebäude wurden zu großzügigen Gemeinschaftsräumen umgewidmet oder abgerissen und neue Brachen zu Nachbarschafts- und Anwohnergärten umgestaltet. In diesem Zusammenhang entstand auch das Spiel/Feld Marzahn.

Das Umwelt- und Naturschutzamt und das Stadtentwicklungsamt Marzahn-Hellersdorf regten die Einrichtung des Anwohnergartens an. Sie bemühten sich um finanzielle Unterstützung der EU und gewannen zur Umsetzung eine motivierte Gruppe von Masterstudenten der Technischen Universität Berlin. Ein verantwortlicher Koordinator konnte immerhin zeitweilig honoriert werden. So konnte ab 2010 peu à peu ein Nachbarschaftsgarten geschaffen werden. Die Studenten boten Workshops an und nach dem ersten Spatenstich im November 2011 kam das Gärtnern in der folgenden Saison in Fahrt. Seit dem Jahr 2014 hat eine örtliche Gruppe das Gärtnern übernommen, die regelmäßig zu Treffen einlädt. Es könnten gerne noch ein paar verbindlich mitmachende Gärtnerinnen dazu kommen. Einen Zaun bekam das Gelände auch, denn die Verluste waren, solange das Gemüsefeld offen im Grüngelände lag, so hoch, dass sie den Gärtnerinnen und Gärtnern andernfalls das Mitgärtnern vergällt hätten.

Auf dem Weg vom Garten der Begegnung zum Spielfeld streifen wir nördlich vom Spiel/Feld Marzahn (an der Verlängerung der Zühlsdorfer Straße) das

Belebt das ehemalige pure Spielfeld: ...

... der Anwohnergarten Spiel/Feld Marzahn

erfolgreiche Projekt *Hochzeitspark* an der Ludwig-Renn-Straße, für das Bürger anlässlich ihrer Hochzeiten Bäume spendeten. Einmal einen Baum zu spenden, fällt den Leuten offenbar sehr viel leichter, als sich zu regelmäßigem Mitmachen in einem Anwohnergarten zu verpflichten, stellen die Mitarbeiter des Umwelt- und Naturschutzamtes Marzahn-Hellersdorf etwas resigniert fest. Denn wenn es nach ihnen ginge, gäbe es sehr viel mehr Gemeinschaftsgärten zwischen den Wohnmaschinen. Aber Freiwilligen-Engagement kann man nicht herbeizaubern, das gibt es in den Altbauvierteln des inneren Berlin offensichtlich in ganz anderem Maße als am Stadtrand. Hier haben diejenigen Gemeinschafts-Garten-Projekte eine Perspektive, die durch eine Fachkraft regelmäßig betreut und sozusagen bemuttert werden. Andernfalls verrammeln sich die Leute hinter hohen Zäunen und Hecken, solche Anwohnergärten gibt es Marzahn-Hellersdorf natürlich auch.

Spiel/Feld Marzahn

Mühlenbecker Weg, Ecke Zühlsdorfer Straße, 12679 Berlin-Marzahn
www.spielfeldmarzahn.de
Träger: Spiel/Feld Marzahn e.V. in Zusammenarbeit mit dem Bezirksamt Marzahn-Hellersdorf
Anfahrt: S7 (Marzahn), Tram M6, Tram 16, Tram 27 (Marzahner Promenade)
Kontakt: 030-902 936 723, 030-902 936 721, SpielFeldMarzahn@gmx.de
Öffnungszeiten: Zugang jederzeit möglich

56   Die Oase von Hellersdorf

Hinter eintönigen Neubaufassaden erscheint plötzlich eine grüne Halbwildnis mit blühenden Apfelbäumen: Der Permakulturgarten *Helle Oase* in Alt-Hellersdorf. In Hochbeeten werden hier diverse Gemüsesorten angebaut, daneben ein Weidendom und Sanddornbüsche. Auf der anderen Seite des Fußwegs, der durch den Garten zur U-Bahnstation führt, stehen Obstbäume und weitere gezimmerte Hochbeete. In einer Ecke sind überbreite Hängematten aufgehängt, die vor allem von Jugendlichen genutzt werden. Einige der Gärtner wünschen sich eine größere Bereitschaft der vielen Erwerbslosen in der Anwohnerschaft mitzuarbeiten.

Der Bürgergarten entstand 2012 mit Mitteln des »Sozialen Stadtumbaus«, genauer des Quartiersmanagements, auf Anregungen des Amts für Stadtentwicklung und des Grünflächenamts im Bezirk. Auch Studierende der Alice-Salomon-Hochschule machten mit.

Möglich wurde alles schließlich durch eine enge Kooperation vieler verschiedener Akteure, besonders aber durch den Projektträger Kids & Co. e.V. und dem Jugendclub Eastend Berlin e.V. Das Quartiersmanagement Hellersdorfer Promenade bat auch das nahegelegene Naturschutzzentrum Schleihpfuhl und jenes in Malchow um Mitarbeit. Auch die Rahel-Hirsch-Schule, ein Oberstufenzentrum mit dem Schwerpunkt Gesundheit/Medizin, wurde zur Mitarbeit eingeladen. So kam die Gruppe von ehrenamtlichen Helfern zusammen, die die finanzierten Bäume und Büsche setzten und pflegten. Drei Jahre lang konnten zudem zwei Betreuerinnen, eine Koordinatorin und eine Gärtnerin bescheiden honoriert werden.

Heute ist das Projekt Helle Oase auf sich gestellt. Der Trägerverein hat keine Zeit für das Projekt. Der Garten ist auf die Einsatzbereitschaft der meistenteils älteren Garten-Engagierten angewiesen. Diese eisernen Sieben treffen sich jeden Donnerstagnachmittag, um die 400 Quadratmeter große Fläche zu verschönern, und sie freuen sich über alle, die regelmäßig mit anpacken.

Kastenbeete und Thymian der Hellen Oase

Permakultur-Bürgergarten Helle Oase

Besuch durch den Bürgermeister im Anwohnergarten Helle Oase

Der Schwung der Senioren, besonders die Entschiedenheit der 80-jährigen Lehrerin Annelies Wachsmann, die sich um das leuchtende Blumenbeet am Osteingang kümmert, bringt einen fröhlichen Ton in die Gegend. Den Gärtnern geht es um Schönheit. Sie glauben, dass eine grüne Oase allen gut tut und das soziale Klima in der Nachbarschaft mit den vielen Arbeitslosen aufhellt. Allerdings ist die Helle Oase gefährdet, das Gelände soll 2017 an ein großes Wohnungsbau-Unternehmen veräußert werden. Der örtliche Bürgermeister hält es für weniger klug, Anwohnerengagement dermaßen zu dämpfen. Von der Hellen Oasen kann man übrigens über den heute begrünten ehemaligen Dorfanger von Hellersdorf gemütlich zum *Garten der Kulturen der Welt* radeln, dem bekannten Park mit seinen besonders schönen ostasiatischen Gärten, Zentrum der Internationalen Gartenausstellung 2017.

Permakultur-Bürgergarten Helle Oase
Tangermünder Straße 127–129, 12627 Berlin-Hellersdorf
www.helleoase.wordpress.com
Träger: KIDS & CO g.e.V.
Anfahrt: U5 (Hellersdorf)
Kontakt: 030-999 017 62, ge@kids-und-co.de, kontakt@helle-oase.de
Öffnungszeiten: Zugang jederzeit möglich, Treffen Donnerstag 15 Uhr, bei schlechtem Wetter im Jugendzentrum Eastend

Im Gärtnerhof von Charlottenburg

Das Paradies liegt versteckt hinter einer Toreinfahrt, mitten im Arbeiterwohn-
viertel südlich des Klausener Platzes. Betreten wird das Gelände über die Danckelmannstraße 16. Der Hauseingang führt in ein Ensemble zusammengelegter
Hinterhöfe, die von Anwohnern begrünt worden sind. Ende April blühen Apfelbäume neben den Hügeln des Kinderspielgeländes, in den Ecken Stauden- und
Gemüsebeete. Im südlichen Teil duftet dem Besucher das Freilaufgehege mit
den Ziegen entgegen. Es sind pummelige Haustiere, die sich gerne mit Mohrrüben und Salat füttern lassen.

Dieses Paradies verdanken wir Hausbesetzern. 1982 gründeten sie den Verein *Block-Initiative 128 e.V.,* um sich gegen mieterfeindliche Sanierungspläne
zu wehren. Sie wollten die Verdrängung der armen Bevölkerung durch den
Abriss von Altbauten beenden. Studenten der Landschaftsplanung, Junglehrer
und Mütter besetzten den Platz. Sie entfernten in einer spektakulären Aktion
den Bauzaun und brachten die Eingangstür in das Gartenamt zurück. Und sie
begannen Bäume zu pflanzen. Sie wollten eine für alle zugängliche Grün- und
Spielfläche schaffen. 1983 kamen Hühner, Enten und Gänse und 1985 dann die
Ziegen dazu. Anfangs wurde das Hornvieh sogar gemolken, um Käse herzustellen. Ohne es zu wissen, haben die Charlottenburger mit dem Ziegenhof Bauge-
schichte geschrieben: Die Kaputtsanierung ganzer Viertel wurde eingestellt. Die
Stadt stellte ihre Vorbereitungen auf die Bauausstellung in den 1980er-Jahren
auf eine »behutsame Stadterneuerung« um.

Das Besondere ist, dass es den Besetzern nach jahrelangem Streit gelungen
ist, mit dem Bezirksamt einen Modus Vivendi auszuhandeln. Das Bezirksamt

Die Mosaike der Hausbesetzer

Alle lieben die Ziegen

akzeptierte den Bürgerwillen, indem es das Gelände als Kinderspielplatz einstufte und die Bäume pflegt. Der Verein kümmert sich um die Obstbäume, die Beete sowie die Ziegen. Erstaunlich ist die Stabilität der Gruppe. Die Blockinitiative besteht aus etwa 20 Leuten, die sich seit über 30 Jahren regelmäßig treffen. Eine Gruppe von jeweils etwa Sechsen übernimmt für eine Weile die anfallenden Arbeiten. Die Oase hat einen befriedenden Einfluss auf die ganze Nachbarschaft. Zu den alljährlichen Haupt-Arbeitseinsätzen im Frühjahr kommen stets viele Helfer, auch Jüngere mit Kleinkindern.

Das Kiezbündnis Klausener Platz hat übrigens zahllose Hefte zur Geschichte des Stadtteils heraus gebracht. Es fing damit an, dass hier 1973 die erste Berliner Mieterinitiative gegründet wurde und der Prozess »Sanierung ohne Verdrängung« eben hier begann. Dazu gehörte auch die Neugestaltung des Klausener Platzes als »wohnungsnahes Grün«.

Ziegenhof

Danckelmannstraße 16, 14059 Berlin-Charlottenburg
www.ziegenhof-berlin.de
Träger: Blockinitiative 128 – Ziegenhof – e.V.
Anfahrt: U2 (Sophie-Charlotte-Platz)
Kontakt: info@ziegenhof-berlin.de
Öffnungszeiten: Zugang jederzeit möglich

58   Gärtnerhof Charlottenburg

Zwischen Luisenfriedhof und Rudolf-Wissell-Brücke liegt ein Gemüseacker: der Gärtnerhof Charlottenburg, auf dem ehedem die Schlossgärtnerei lag. Er gehört zu den *Mosaik-Werkstätten für Behinderte*. Angebaut werden auf dem sechs Hektar großen Gelände in biologischer Anbauweise Zwiebeln, Salat, Bohnen, Kohl, Kürbisse und anderes. Die Ernte geht direkt auf den Berliner Markt, einiges wird auch in eigenen Restaurants verarbeitet. Für die Ökobilanz der Stadt Berlin ist es sicher gut, dass Mosaik dieses Gelände auf dem Ausläufer der Jungfernheide übernommen hat. Ehedem lag hier die Baumschule der Schlossgärtnerei Charlottenburg.

Mosaik wurde in den 1960er-Jahren seitens des *deutsch-amerikanischen Frauenclubs* von Berlin e.V. (DAFC) gegründet. Man wollte älteren Behinderten ein unabhängiges Leben ermöglichen. Mosaik übernahm oder gründete dafür u. a. Café, Gärtnereien und Bioläden in Reinickendorf und Charlottenburg. Mitte der 1980er-Jahre bot man 230 Menschen eine berufliche Alternative. Um 1990 entstand in der Nähe des Stuttgarter Platzes das Restaurant *Charlottchen* als erster Integrationsbetrieb. Nach der Wiedervereinigung kam der *Ziegenkäsebetrieb Ökohof Kuhhorst* dazu. 1994 wurde die Organisationsform geändert. Mosaik wird heute als gemeinnützige GmbH geführt. Der Gartenbetrieb ist ein wichtiger Teilbereich. In drei Gartenbaubetrieben arbeiten etwa 120 Behinderte.

Bei meinem Besuch stecken etwa zehn Mitarbeiter ruhig Zwiebeln. Alle sind ausgesprochen freundlich und ich darf sie vor der Kulisse der auf Stelzen verlaufenden Autobahn fotografieren. Die Erzeugnisse werden in Berlin über den

Bei der Ernte

Blühende Zinnien mit Hofladen

Biovermarkter *Ökohöfe Verbund Nordost*, der früher »Gaia« hieß, in den Biohandel gebracht. Vor allem aber wird über den hofeigenen Laden verkauft. Die Behinderten verdienen mit ihrer Gartenarbeit ihren Lebensunterhalt und können selbstständig leben, auch wenn sie auf Grund des niedrigen Verdienstes sehr bescheiden leben müssen. Aber das ist schließlich in der Landwirtschaft fast überall so. Und auch die Betreuer, ausgebildete Gärtner und Landwirte, arbeiten mit. Offensichtlich fühlen sich alle Beteiligten auf ihrem Acker wohl.

Ganz offensichtlich ist die landwirtschaftliche Arbeit in Gärtnerbetrieben eine gute Möglichkeit, Menschen, die auf dem normalen Arbeitsmarkt keine Chance hätten, in Lohn und Brot zu setzen. Daher sollte die Politik gärtnerisch genutzte Flächen, sollten sie brach fallen, zumal wenn sie ohne Altlasten sind, vermehrt für derartige Zwecke bereithalten.

Gärtnerhof Charlottenburg

Fürstenbrunner Weg 70, 14059 Berlin-Charlottenburg
www.gaertnerhof-charlottenburg.de
Träger: Mosaik-WfB gGmbH
Anfahrt: S41, S42, S46 (Westend)
Kontakt: 030-302 094 980, a.schure@mosaik-berlin.de
Öffnungszeiten: das Gelände ist offen

Das Naturschutzzentrum Ökowerk liegt malerisch am Fuße des Teufelsbergs im Grunewald. Dort wo der Neue Schildhornweg in die Teufelsseechaussee mündet, kann man das alte Wasserwerk aus roten Ziegelsteinen durch die Bäume schimmern sehen. Das vielgestaltige Gebäude und die Anlage des Wasserwerks mit der imposanten Kohlenschüttung sind als ökologische Bildungs- und Tagungsstätte vor dem Abriss bewahrt worden. Eine schöne Dauerausstellung zum Wasserleben fasziniert vor allem jüngere Besucher; bei Regenschauern ebenso wie bei Sonnenschein kann man das Wasserleben in den kleinen Tümpeln für Lurche und Frösche bewundern. Es gibt eine Streuobstwiese und einen geheimnisvoll wirkenden Naturgarten. An den Wochenenden wird auch ein kleiner Kaffeeausschank betrieben.

Mitte der 1980er-Jahre beschlossen engagierte Charlottenburger im Naturschutzverband BUND, *Friends of the Earth*, das Ensemble am Teufelsberg vor den Plänen der Baulöwen zu retten. Sie gründeten den Verein Ökowerk e.V. und schufen auf dem Gelände ein Umweltbildungszentrum mitten im Wald. Seitdem das Naturschutzzentrum zum »Wassersorge«-Werk wurde, unterstützt die Senatsverwaltung das Projekt, weil von hier aus der Grundwasserpegel des Grunewalds geprüft und reguliert wird. Das Bezirksamt Charlottenburg unterhält die Liegenschaften und schickt seine Schulklassen. So ist das Ökowerk ein vorbildliches Beispiel einer gelungenen Zusammenarbeit zwischen ehrenamtlich tätigen Bürgern, Land und kommunaler Ebene (in Berlin also der Bezirksverwaltung).

Bis heute lebt das Ökowerk maßgeblich vom Einsatz seiner Freiwilligen und dem Verein dahinter, die dank der Kooperation mit dem Bezirksamt nun von

Rein ehrenamtlich betrieben wird der Ökogarten ...

... vom Ökozentrum am Teufelssee

einigen Hauptamtlichen unterstützt werden. Aber die Gartengruppe besteht ausschließlich aus Ehrenamtlichen. Sie pflegen auch den Bienenstock und geben Imkerkurse. Im Verlauf eines Jahres kommen etwa 20 000 Personen in das Ökowerk, vor allem etwa 150 Schulklassen. Allerdings, meinte der damalige Vorsitzende Dr. Hartwig Berger in seiner Festrede zur 25-Jahr-Feier am 2. Mai 2010, wäre es schön, wenn zur Würdigung des jahrelangen Einsatzes der Ehrenamtlichen die Landesregierung die Umwelt-Initiativen in der Stadt deutlich mehr unterstützte. Denn der Agenda 21-Prozess ist eine Ursache dafür, dass Berlin als grüne Stadt so reüssiert. Nach der Welt-Umweltkonferenz in Rio de Janeiro 1992 waren überall in den Bezirken Umweltgruppen entstanden, die fast ohne Förderung Erstaunliches schufen ...

Naturschutzzentrum Ökowerk

Teufelsseechaussee 22, 14193 Berlin-Charlottenburg

www.oekowerk.de

Träger: Naturschutzzentrum Ökowerk Berlin e.V.

Anfahrt: ab dem S-Bahnhof Grunewald ca. 20 Minuten zu Fuß oder ab S-Bahnhof Heerstraße ca. 25 Minuten zu Fuß

Kontakt: 030-300 00 50, info@oekowerk.de

Öffnungszeiten: im Sommerhalbjahr Dienstag bis Freitag 9 bis 18 Uhr, Samstag, Sonntag und an Feiertagen 12 bis 18 Uhr, im Winterhalbjahr Dienstag bis Freitag 10 bis 16 Uhr, Samstag, Sonntag und an Feiertagen 11 bis 16 Uhr

Wenn man den Hohenzollerndamm in Wilmersdorf bei der expressionistischen Kreuzkirche verlässt und nach Süden in die Forckenbeckstraße abbiegt, kommt man in das grüne Herz von Wilmersdorf. Auf der Nordseite befindet sich das Wilmersdorfer Sommerbad mit dem Stadion. Auf der südlichen Seite der Forckenbeckstraße befindet sich eine Ansammlung von Kleingartenkolonien. Die heute bekannteste von ihnen ist die Kolonie Oeynhausen mit 450 Parzellen. Inmitten der Kolonie lädt im rosafarben gestrichenen Vereinshaus ein Gartenrestaurant zur Einkehr ein. Zudem gibt es Salatsetzlinge zu kaufen und jede Menge Infos am Schwarzen Brett.

Beim Durchqueren der Kolonie ist man überrascht, wie unterschiedlich Kleingärten sein können. In Oeynhausen wird viel Gemüse angebaut, das neben Beerensträuchern wächst. Es sprießt aus Hochbeeten, niedrigen Kastenbeeten und Wölbbeeten. Einige der Gärtner haben investiert und einen teuren Bronzezaun gegen die Schnecken aufgestellt. Gelber Goldlack, weißer Steinbrech, rosa und tiefblaue Akelei blühen, rote Tulpen verstecken sich unter Büschen, Blauregen wuchern über Torbögen und im Mai verströmt der Flieder einen betörenden Duft. Manche Gärten wurden von fleißigen Vergissmeinnicht komplett erobert und auch der Weg ist nicht selten mit ihrem unschuldigen Himmelblau bedacht.

An den Zäunen hängen Protestplakate: »Koloniesterben muss ein Ende haben«, »Bäume oder Beton? Das entscheiden wir! Am 25. Mai!« und sinngemäß: »Eine Heuschrecke kaufte 92 000 Kleingartenfläche für 6,45 je Quadratmeter und die Stadt erklärt dies zu Bauland!« Einem Investor wurde das Land der Ko-

Vorbildliche Gemüsebeete und ...

... Protestplakate gegen unredlichen Landverkauf

lonie zum »Grünlandpreis« verkauft und zugleich offenbar hinter dem Rücken
der Bürger versprochen, dass es später zu Bauland werden würde. Dazu ist zu
wissen, dass Wilmersdorf seit 1945 etwa vier Fünftel seiner Kleingartenfläche
verloren hat und zudem hier auch viele Berliner aus gartenlosen Stadtteilen wie
Kreuzberg gärtnern. So gelang es dem Verein Oeynhausen in einer beispiellosen
Kampagne, dass am 24. Mai 2014 in einem Bürgerentscheid über die Zukunft der
Kolonie abgestimmt wurde – und sie gewannen!

Gegenüber der Kolonie geht es Richtung Osten übrigens weiter zur Gartenarbeitsschule Wilmersdorf sowie zum Stadium, an dessen Hängen die Wilmersdorfer Stadtväter zeitweilig ebenfalls Wein zogen.

Gartenkolonie Oeynhausen

Friedrichshaller, Ecke Oeynhausener Straße oder Forckenbeckstraße,
14199 Berlin-Schmargendorf
www.gartenfreunde-berlin.de
Träger: Kleingärtnerverein Oeynhausen e.V.
Anfahrt: Bus 186, Bus 249 (Zoppoter Straße)
Öffnungszeiten: Zugang bei Tageslicht jederzeit zugänglich

Am Nordrand des schmalen Rudolph-Wilde-Parks liegt die Kleingartenkolonie Am Stadtpark I. Die kleinen Parzellen erfreuen Spaziergänger oder Radler mit ihren Obstbäumen, Heckenrosen, Rittersporn oder den großen Blüten der Zucchini. Tagsüber stehen die schmalen Wege etwa durch die Gartenanlage von der Waghäusler in die Babelsberger vorschriftsmäßig offen.

Der Rudolph-Wilde-Park gehört zu einem Grünzug von Schöneberg bis Wilmersdorf. Er wurde in der gartenbegeisterten Zeit vor dem Ersten Weltkrieg als Stadtpark in einem Sumpfgebiet einer eiszeitlichen Rinne angelegt. Nach Kriegsende wurde er in Volkspark umgetauft und später nach dem ersten Bürgermeister der bis 1920 selbstständigen Stadt Schöneberg benannt. Nach dem Ende des Ersten Weltkriegs waren große Teile der Bevölkerung verarmt, weshalb kluge Regierungen ihre Parks durch angelagerte Kleingartenanlagen erweiterten. Während des Zweiten Weltkriegs dienten die Kolonien als Behelfssiedlungen für Ausgebombte.

Der größte Teil der Laubenkolonie am Stadtpark, der sogenannte *Block II*, entstand direkt nach dem Ersten Weltkrieg im September 1919 auf einem ehemaligen Lazarettgelände. Bereits im Juli 1919 hatte die in Weimar tagende Reichsregierung eine erste deutsche »Kleingarten- und Kleinpachtlandverordnung« erlassen. Sie wurde bereits am 31. Juli zu einem Gesetz, das die Kommunen dazu verpflichtete, eine gewisse Bodenvorratswirtschaft zu pflegen, um bedürftigen Menschen Land für den Gemüseanbau zur Verfügung stellen zu können. Die Laubenkolonien liegen allerdings auf sogenanntem Bauerwartungsland. Seit den 1990er-Jahren stehen in Berlin die Bezirksverwaltungen unter Druck, Ge-

Auch Durchspazierende freuen sich an den Blumen ...

... in der alten Gartenkolonie am Volkspark

lände an den Liegenschaftsfond des Landes Berlin zur Bebauung abzugeben. Das Land Berlin saniert Haushaltslöcher durch den Verkauf von Flächen. Aber Innenstädte ganz ohne Gärten sind für viele unvorstellbar, fast die Hälfte der Berliner zog seit 1990 ins grüne Umland, das Land Berlin verliert seine besten Steuerzahler. Daher konnten die Berliner Gartenfreunde mehrfach zumindest erreichen, dass Fristen verlängert wurden. Im Jahr 2020 soll nun die Kolonie Am Stadtpark I aufgegeben werden. Das wird jedoch nicht allzu leicht durchzusetzen sein, denn die Kolonie wandelt sich in eine Musterkolonie des nachhaltigen und sozialintegrativen Gärtnerns. Während einige Gärtner zaun- und kulturenübergreifend Bienen halten, gärtnert die Vereinsvorsitzende strikt nach den Regeln des ökologischen Anbaus und versucht Gruppen in die Kolonie zu holen. Das Gelände der ehemaligen Gärtnerei innerhalb der Kolonie ist als Kiezgarten bereits für alle geöffnet worden.

Kleingartenkolonie am Stadtpark 1

Kufsteiner Straße 12, 10825 Berlin-Schöneberg
Träger: Kleingartenkolonie Am Stadtpark I e.V.
Anfahrt: U4, U7 (Bayerischer Platz)
Kontakt: 0170-622 568 639, info@kolonie-am-stadtpark.de
Öffnungszeiten: Zugang tagsüber jederzeit möglich, einzelne Gärten am Langen Tag der Stadtnatur

TOUR 9
Von Dahlem nach Düppel

Fantasievolle Gartenhütten im Ökogarten

An der Lentzeallee fallen zwischen Zoppoter und Misdroyer Straße bescheidene Kleinhäuser mit Holzgiebeln auf. Es handelt sich um die ehemalige Selbstversorgersiedlung, vormals sogenannte Gartenstadt an der Lentzeallee. Sie wurde vor dem Ersten Weltkrieg geplant und begonnen, jedoch im Wesentlichen erst nach dem Krieg fertig gestellt. Hinter den kleinen Reihenhäusern befinden sich Gärten, in denen die glücklichen Siedler, wie man sie 1919 nannte, ihre Gemüse zogen. Da die Siedlung als öffentlich gefördert unter die Kleingarten- und Kleinpachtlandverordnung von 1919 fiel, war es klar, dass die Nachbarn, die keinen Garten hatten, ein Durchwegerecht hatten. Die Siedlung war als Genossenschaft gebaut worden, weshalb der Verkauf und Wiederverkauf vermieden werden konnte und die Anwohnerschaft bis weit in die 1990er-Jahre hinein äußerst stabil blieb. Erst nach der Wiedervereinigung wurde die Siedlung privatisiert, die alten Bewohner wurden überredet, einem Aufgeben der genossenschaftlichen Verfassung der Siedlung zuzustimmen. So wurde es möglich, dass ein Teil der Gärten bebaut werden konnte und den Bewohnern aus den angrenzenden Etagenwohnungen der Dievenowstraße so der Fußweg zur U-Bahn und in die Grünanlagen Dahlems genommen wurde. Auch die anderen bis dahin offenen Fußwege entlang der Gärten wurden für die Schmargendorfer Bewohnerschaft geschlossen.

»Jedermann Selbstversorger«, hatte der Landschaftsplaner Leberecht Migge 1920 seinen Zeitgenossen zugerufen und den Hungernden, Erwerbslosen und Kinderreichen vorgerechnet, wie sie sich durch die durchdachte Anlage eines Gartens selbst ernähren könnten. Für einen Erwachsenen genügen 80 bis

Erfolg soziapolitischen Engagements: Gartenstadt

Zugemacht: Gartenweg zur U-Bahnstation

90 Quadratmeter Land. Im Gegensatz zu seinen Mitstreitern ahnte Migge, dass der moderne Kapitalismus fortwährend Erwerbslosigkeit produzieren würde. Mit seinem Einsatz für die städtische Selbstversorgung war Leberecht Migge der radikalste Vertreter der Bewegung für Gartenstädte. Siedlungen wie in der Lentzeallee entstanden in diesem Zusammenhang. Allerdings begeisterte die Idee, in Gartenstädten Gemüse zu ziehen, die Menschen im frühen 20. Jahrhundert weltweit. So entstanden überall, von London bis Wien, von Liegnitz bis Dortmund und auch in Nordamerika Anfang des 20. Jahrhunderts Selbstversorgersiedlungen und Gartenstädte. Anders war dem grassierenden Hunger in der Kriegs- und Nachkriegsnot nicht beizukommen. Die Kommunen förderten daher ihre Entstehung und machten im Gegenzug Gartenstadtbewohnern die Auflage, den weniger begünstigten Nachbarn aus den Mietskasernen tagsüber die Wege offen zu halten. Die glücklichen Selbstversorger sollten Gartenglück und Vogelgezwitscher mit den anderen Kiezbewohnern teilen. Für die Gründerväter wäre es wohl völlig widersinnig, wenn sie erführen, dass solche Genossenschaftssiedlungen heute entwidmet und privatisiert werden, und das angesichts der gerade in Berlin weitverbreiteten Erwerbslosigkeit.

Gartenstadt Lentzeallee

Lentzeallee zwischen Zoppoter und Misdroyer Straße, 14199 Berlin-Schmargendorf
Anfahrt: U3 (Podbielskiallee), Bus 110 (Platz am Wilden Eber)
Öffnungszeiten: von außen jederzeit zu besichtigen

63 Museumsbauernhof Domäne Dahlem

Das kleine Dorf Dahlem wurde Anfang des 19. Jahrhunderts zu einem Staatsgut des damaligen Preußen, einer sogenannten Domäne. Bis in die 1980er-Jahre hinein wurden hier ganz traditionell Ackerbau und Viehzucht betrieben. Dann hieß es jedoch, so ein kleiner Hof rentiere sich nicht mehr. Die grünen Wiesen und Felder zwischen U-Bahngraben und Chaussee sollten verkauft, bebaut bzw. zu Sportplätzen werden. Da taten sich die Dahlemer zusammen und setzten sich mit dem seit 1976 bereits existierenden Verein *Freunde der Domäne Dahlem e.V.* für den Erhalt der Domäne als Grünfläche und Stadtbauernhof ein.

Der Erfolg lag in der Öffnung der ehemals geschlossenen Fläche. Aus einer Landwirtschaft hinter Zäunen mit gelegentlich geduldeten Durchwegungs-Rechten für die Anwohner wurde ein für alle offener Museumshof, und zwar als aktiv betriebener Bauernhof mit Hornvieh, Pferden, Schweinen und Hühnern, Gemüsegarten und Getreidefeldern, kurzum mitsamt der dazugehörigen Kreislaufwirtschaft, also vom Kuhdung über den Gartenkompost zum zertifizierten ökologischen Landbau. Damit sich der Hof rentiert, wird unter anderem das Gemüse im domäneeigenen Hofladen verkauft.

Das Konzept Museumsbauernhof als Agrarkultur zum Anfassen zieht Besucher aus der ganzen Stadt an. Die Domäne Dahlem ist heute ein allseits beliebtes Ausflugsziel, denn wo können Berliner Kinder schon sonst Muttersauen mit ihrer Ferkelschar so wacker wühlen sehen oder die neugierigen Ziegen sogar streicheln? Bis heute hängt der Erfolg des Ganzen maßgeblich von dem ehrenamtlichen Engagement vieler Freiwilliger ab, die im kleinen Museum die Aufsicht führen, den Museumsladen betreuen oder sich als Töpfer oder Schmiede bestaunen lassen.

Domäne Dahlem
Königin-Luise-Straße 49, 14195 Berlin-Zehlendorf
www.domaene-dahlem.de
Träger: Stiftung Domäne Dahlem – Landgut und Museum
Anfahrt: U3 (Dahlem-Dorf) Bus 110, Bus M11, Bus X83 (Domäne Dahlem)
Kontakt: 030-666 30 00
Öffnungszeiten: täglich 8 bis 19 Uhr

Ein ökonomisches Standbein: Grünkohlanbau

Dort, wo ehedem an der Berliner Mauer das Leben der Westberliner zu Ende war, befindet sich heute eine grüne Oase. Zwei ansprechende Gartenhäuschen, gemeinsam geführte Gartentagebücher, strickte Mülltrennung und ein sehr sorgfältig gepflegter Komposthaufen. Zudem überlegt bestellte Gemüsebeete, die von allen gemeinsam gepflegt werden. Derzeit sucht der Garten Jüngere, die bereit sind, den Gemeinschaftsgarten zu übernehmen und weiterzuführen.

Pfarrer Gerhard Borné gründete 1981 den Garten gemeinsam mit Freunden. Dr. Borné war damals Pfarrer in der evangelischen Kirchengemeinde in der angrenzenden Kirche. Als die benachbarte Erwerbsgärtnerei aus Altersgründen aufgegeben wurde, übernahm die Kirchengemeinde die Fläche. Eine bereits zu dieser Zeit in der Gemeinde existierende Umweltgruppe wollte auf der Fläche ein ökologisches Experimentierfeld anlegen. Die Idee war es, gemeinschaftlich nachhaltig zu gärtnern und so einen Garten als Treffpunkt für generationen-übergreifende Treffen zu schaffen.

Damals war Gerhard Borné Ansprechpartner für behinderte Jugendliche in der Jugendarbeit und so arbeitete man hier erst zusammen mit dem *Jugendwerk-heim*, einer Einrichtung des Bezirksamts für geistig behinderte junge Leute, die wochentags im Garten arbeiteten. Nach dessen Auflösung verlagerten sich die Hauptgartenaktivitäten auf den Samstag, an dem gemeinsam gegärtnert, gegessen und geschwatzt wird. Im Ökogarten wird übrigens nach anthroposophischen Grundsätzen gegärtnert. Mit dem Anbau alter Sorten und der Vielfalt an Kräutern, Gemüse, Obst und Blühpflanzen trägt der Garten zur Erhaltung der Biodiversität bei.

Die Gartenhüte der Ökogärtner

Gartenhütte am Buschgraben

Durch das Ausbringen von Kompost und selbst hergestellten Tinkturen wird der Boden ohne chemische Mittel aufgewertet und geschützt. Es gibt ausschließlich Gemeinschaftsbeete. Unterstützt werden die Gärtner von einer bezahlten Fachkraft, die alle zwei Wochen kommt und unter anderem den Bepflanzungsplan erstellt und aus eigener Tasche bezahlt wird.

Im Vergleich zu anderen Berliner Gemeinschaftsgärten sind daher die jährlichen Fixkosten mit etwa 3 500 bis 4 000 Euro relativ hoch. Zu den gut 300 Euro Pacht jährlich an das Bezirksamt kommen ca. 400 Euro für Strom und Wasser hinzu sowie 2 000 Euro für den Gärtner. Heute werden diese Ausgaben vollständig aus Mitgliedsbeiträgen und Spendengeldern bestritten.

Ökogarten am Buschgraben

Ludwigsfelder Straße 30 (Eingang am Idsteiner Weg), 14165 Berlin-Zehlendorf
www.schoenow-buschgraben.de
Träger: Ökogarten Am Buschgraben e.V., c/o Gemeindebüro, Andréezeile 21–23, 14165 Berlin
Anfahrt: Bus 101, Bus 623 (Gutzmannstraße), Bus 115 (Ludwigsfelder Straße)
Kontakt: 0330203-720 46
Öffnungszeiten: regelmäßige Treffen Samstag 15 Uhr

Ein eigenartiges Naturerlebnis bietet das seit 40 Jahren existierende Museumsdorf Düppel in Zehlendorf. Verborgen in einem Birkenwäldchen stehen rund um
einen grünen Dorfanger mehrere mittelalterliche Lehmhäuser mit Strohdach.
Umgeben sind sie von kleinen Gärten sowie Getreidefeldern. Dazu kommen einige Weiden, auf denen zwei Ochsen neben den Schafen grasen. Das Gelände
steht Besuchern alljährlich ab Ostern bis in den Herbst hinein an Wochenenden zu geringem Eintritt offen. An fast jedem Wochenende wird den Besuchern
von den etwa 60 ehrenamtlichen Mitarbeitern allerhand geboten. In manchen
Hütten wird ohne Streichholz Feuer entfacht, der Schmied zeigt sein Handwerk
ebenso die Töpfer oder Weber. An Fest- und Feiertagen werden zudem Würste
vom Fleisch der Tiere, Skuden-Schafe und Weideschweine, angeboten.

Das Museumsdorf entstand in den 1960er-Jahren. Damals grub der Archäo-
loge Adriaan von Müller zusammen mit einigen Freiwilligen voller Feuereifer
weiter, nachdem das offizielle Forschungsprojekt *Ausgrabung eines frühmittelal-
terlichen Dorfs im Düppeler Bruch* ausgelaufen war. Das Interesse der Freiwilligen
war so groß, dass in rein ehrenamtlicher Arbeit über die Jahre ein komplettes
Museumsdorf ins Leben gerufen werden konnte, in seiner Art einzigartig. Der
Trägerverein *Förderkreis des Museumsdorfes Düppel e. V.* besteht aus etwa 60 aktiven Mitgliedern sowie 900 Fördermitgliedern.

Zu Mauerzeiten gelang es den Museumsdorf-Aktiven, ihren Museum-Be-
trieb mittels der Lotto-Stiftung aufrechterhalten zu können. Als diese Zuwen-
dung nach 1989 gestrichen wurde, sah man sich gezwungen, dem Stiftungsver-
band Berliner Museum beizutreten, der die Kosten wie Strom, Wasser, Pacht,

Rauchhäuser mit Ziehbrunnen und Gärten

Einzug der Jungochsen

Reparaturen übernahm. Die Besonderheit, ausschließlich auf Freiwilligenarbeit zu beruhen, wurde daraufhin kaum noch deutlich. Zeitweilig schien das Museumsdorf sogar dem Berliner Zentralismus zu Opfer zu fallen. Die entsprechende Stiftung, lokalisiert in »Mitte«, zog in Erwägung, das Gelände an Baufirmen zu verkaufen und das, obwohl das Museum durchaus Sonntage mit über tausend Besuchern zu verzeichnen hatte. Denn die Museums-Enthusiasten gewanden sich zu besonderen Anlässen in mittelalterliche Trachten, entzünden die Herdfeuer und erklären wie die alten Handwerke funktionierten, der langjährige zweite Vorsitzende Dieter Todtenhaupt zeigt z. B. das Herstellen von Teer. Der Verein organisiert schöne Ostermärkte und ist stolz, zwei neue Jungochsen zu haben, die einander Gesellschaft leisten und an Sonntagen mal Zugdienste leisten können. Eine Gruppe von Gärtnerinnen mit einem Durchschnittsalter von über 70 Jahren verzichtet seit 40 Jahren von Ostern bis in den Herbst auf freie Wochenenden, um die Fragen der Besucher zu beantworten ...

Museumsdorf Düppel

Clauertstraße 11, 14163 Berlin-Zehlendorf,
www.dueppel.de
Träger: Stiftung Stadtmuseum
Anfahrt: Bus 115 (Ludwigsfelder Straße), Bus 118, Bus 622 (Clauertstraße)
Kontakt: 030-802 66 71, info@dueppel.de
Öffnungszeiten: März bis Oktober Samstag, Sonntag und an Feiertagen 10 bis 17 Uhr

Museumsdorf Düppel

Der berühmteste Privatgarten Berlins ist jener des Künstlers Max Liebermann (1847–1935) am Großen Wannsee. Mit 60 Jahren entschloss sich der impressionistische Maler, in der damals neu geschaffenen Alsensiedlung am Wannsee ein Grundstück zu kaufen. Auf dem Nachbargrundstück steht die Langenscheidt-Villa im romantischen Landschaftsgarten im Stil des späten 19. Jahrhunderts. Max Liebermann wählte für seinen Garten eine schlichte und eher klassische Gartengestaltung. Inspiration waren ihm die Bauerngärten in Holland sowie Bauerngärten bei Hamburg oder am Goddefroyschen Landhaus in Nienstedten in der Elbmarsch.

Das Neue im Liebermannschen Garten bestand in der Anlage eines Gemüsegartens. Die Familie Liebermann hatte sich von der Lebensreform inspirieren lassen und daher war klar, dass ein Gemüsegarten dazu gehört. In intensivem brieflichem Austausch mit dem Leiter der Hamburger Kunsthalle, Alfred Lichtwark, überlegten die Liebermanns, wie der Garten anzulegen sei. Der Obst- und Gemüsegarten wurde vor dem Haus nach klassischem Vorbild regelmäßig angelegt und umrahmt von bunten Staudenbeeten mit – je nach Jahreszeit – Rittersporn, Gladiolen, Phlox, Stockrosen, Dahlien oder Sonnenhut. Während des Ersten Weltkriegs verwandelte sich auch die große Rasenfläche zum See hin in ein Gemüsefeld voller Kohlköpfe und Kartoffeln. Als Max Liebermann nach dem Ersten Weltkrieg nicht mehr allsommerlich zum Malen nach Holland fahren mochte, wurde ihm sein Garten zum Refugium und zur Quelle der Inspiration. Seine Gartenbilder fanden beim Publikum, das ihn früher als Maler von »Kühen und Kohlstrünken« verhöhnt hatte, zunehmend Anklang.

Gartencafé an der Liebermann-Villa

Rosenumsäumter Gemüsegarten Liebermanns

Max Liebermann starb 1935. Martha Liebermann nahm sich das Leben, als die Nazis sie als Jüdin nach Theresienstadt deportieren wollten. Haus und Grundstück am Großen Wannsee wurden Freizeitheim und nach 1945 Krankenhaus, bevor das Gelände über Umwege von der Max-Liebermann-Gesellschaft zurückerworben werden konnten.

Dass der Garten der Liebermann-Villa heute der Öffentlichkeit zugänglich ist, verdanken wir einem Verein, der die Initiative ergriff. Die Max-Liebermann-Gesellschaft wurde 1995 eigens gegründet, um Haus und Garten vor dem Verfall respektive dem Verkauf zu retten. So war es möglich, auf dem lange vernachlässigten Grundstück wieder jenen Garten entstehen zu lassen, den Max Liebermann hatte anlegen lassen. Bis heute halten etwa 120 Freiwillige den Liebermannschen Garten offen, organisieren Ausstellungen, schenken Kaffee aus, verkaufen Tickets oder die schönen Bildbände im dazu gehörigen Laden.

Liebermann-Villa

Colomierstraße 3, 14109 Berlin
www.liebermann-villa.de
Träger: Max-Liebermann-Gesellschaft Berlin e.V.
Anfahrt: S1, S7 (Wannsee), Bus 114 (Liebermann-Villa)
Kontakt: 030-805 85 900, info@liebermann-villa.de
Öffnungszeiten: im Sommer Mittwoch bis Montag 10 bis 18 Uhr, im Winter Mittwoch bis Montag 11 bis 17 Uhr, an Feiertagen geöffnet

TOUR 10
Von Karow an die Panke

Bauerngarten-Beete in der Botanischen Anlage

67   Naturkindergarten im Wagendorf

Der Naturkindergarten *Die kleinen Pankgrafen* liegt im äußersten Nordnordosten
Berlins an der Panke, am Rande des malerischen Wagendorfs Karow. Auf einem
etwa 800 Quadratmeter großen vielfältig begrünten Gelände mit vielen Bäumen
stehen zwei geräumige Bauwagen mit Bolleröfen. Das Gelände ist teilweise sogar leicht hügelig und durch Hecken sowie Einfriedungen geschützt, so dass die
Kinder nahezu unbeaufsichtigt herumrennen können. Der Naturkindergarten
entstand als Ausgründung aus dem der Permakultur verpflichteten Wagendorf
Karow. Wo einst eine kahle Ödnis war, hat sich heute ein dschungelartig anmu-
tender Wald entwickelt, in dem eine bunte Vielfalt von etwa 60 Bauwagen steht.
Manche von ihnen sind von äußerst fantasievollen Wildgärten umringt. Es handelt sich um eine der letzten Bauwagenkolonien Berlins. Die meisten von ihnen,
die in besonderem Maße kurz nach der Wende etwa auch auf den Brachen nahe
des Potsdamer Platzes entstanden, sind heute wieder verschwunden. Sie durf-
ten nicht bleiben, da das Land, worauf sie sich befanden, bebaut werden sollte.
Das Land des Wagendorfs in Karow beziehungsweise des dazugehörigen Vereins
Pankgräfin e. V. gehört dem Bezirk Pankow, der pro Bauwagen eine Standmiete
von 110 Euro verlangt.

   Im Kindergarten arbeiten heute vier ausgebildete Pädagogen. Die jungen Er-
zieherinnen und Erzieher sind mit ihren Helfern, Praktikanten oder FÖJ-Leuten
und den Kindern bei Wind und Wetter draußen. Die Kinder werden von einem
Fahrdienst aus den inneren Stadtteilen nach Karow gebracht. Mal legen sie alle gemeinsam Gemüsebeete an oder klettern auf die Bäume, mal grillen sie zusammen
am Lagerfeuer. Die Kinder spielen auf dem wilden Gelände in kleinen Gruppen

Permakulturgarten im Wagendorf der Pankgrafen in Karow

Am Eingang zum Wagendorf

nach eigenem Gusto. Bei Kälte geht es in die beiden mollig geheizten Bauwagen, in denen auch die meisten der gemeinsamen Mahlzeiten abgehalten werden.

Über den Zaun guckt ein alter Esel. Zum Wagendorf und somit zum Naturkindergarten gehört der »Waldgarten« am Ende des Wagendorfs, wo sich drei träge Wollschweine in ihrer Suhle räkeln. Außerdem gibt es im Wagendorf einen Festplatz, eine Bibliothek, einen Computerraum und zwei Versammlungs- oder Partyhallen. Das Wagendorf lebt von der selbstlosen Arbeit seiner Bewohner und zeigt, dass Selbsthilfe durch Eigenarbeit möglich ist. Das Gelände, das 1990 noch eine nahezu baum- und strauchlose Ödnis war, wirkt im Sommer wie ein Urwald. Die kleinen Pankgrafen bekommen übrigens gerne Besuch, aber man sollte sich vorher anmelden, damit ein stressfreies Gespräch möglich ist. In einer Tourenvariante wäre es auch möglich, von hier aus entlang der Karower Teiche nach Osten zum Stadtgut Hobrechtsfelde zu radeln, wo neben anderem Konik-Pferde und Wasserbüffel als Landschaftspfleger gehalten werden.

Naturkindergarten Die kleinen Pankgrafen

Pankgrafenstraße 12d, 13125 Berlin-Karow
www.diekleinenpankgrafen.de
Träger: KIJMBI e.V.
Anfahrt: S2 (Karow), Bus 350 (Karow)
Kontakt: 0159-030 424 75, naturkindergarten@kijmbi.de
Öffnungszeiten: das Wagendorf ist tagsüber offen, Anmeldung sinnvoll

68   Das gerettete StadtGut

Am Nordrand Berlins liegt inmitten des Naturschutzgebiets Barnim das ehemalige Stadtgut Blankenfelde. Aus einem ehemaligen Rittergut und späterem
Stadtgut, das die Rieselfelder bewirtschaftete, wurde ein Projekt des nachhaltigen behutsamen Restaurierens und gemeinsamen Wohnens. Die Besucher dürfen das Gelände mit der gebührenden Rücksicht durchstreifen und alles bewundern. Der Gemeinschaftsgarten innerhalb des Stadtguts entstand 2007 und steht
Interessierten offen. Wie überall ist die Ernte den Gärtnernden vorbehalten. Auf
zwei großen Streuobstwiesen wurden hundert Obstbäume verschiedenster alter Sorten gepflanzt, die Menschen aus ganz Berlin gespendet haben: eine Art
lebendes Obstbaum-Museum. Seit 2009 werden auch alte Schafrassen, Tauben
und Hühner auf dem Gelände gehalten. Zusätzlich gibt es hier Veranstaltungs-
räume mit Ausstellungen und für Diskussionsrunden.

   Das Stadtgut Blankenfelde stand jahrelang leer und wies bereits deutliche
Verfallsspuren auf, als eine Gruppe Umweltinteressierter es dem Land Berlin ab-
zukaufen suchten. 2002 wurde eine Initiative zur Rettung des Stadtguts ins Leben gerufen, aus der zwei Jahre später der Verein *Stadtgut Blankenfelde e. V.* her-
vorging. Nach vierjährigen Verhandlungen konnte die Gruppe dem Stadtstaat
Berlin respektive dem Liegenschaftsfond des Landes das Gelände des Resthofs
samt dem Gebäude für einen Euro abkaufen. Grund war ein auf eigene Kosten
unternommenes Altlastengutachten, das erbrachte, das die Altlastensanierung
den Wert des Geländes einschließlich der Gebäude bei Weitem überstieg. Der
Verein übernahm im Gegenzug die Verpflichtung, das Gelände von sämtlichen
Altlasten zu befreien.

   Zum 1. Januar 2006 wurde der Grund und Boden der Trias Stiftung, einer
gemeinnützigen Stiftung für Boden, Ökologie und Wohnen, übertragen. Damit
sollte etwaigem Spekulieren mit dem Gelände vorgebeugt werden. Der Verein
StadtGut Blankenfelde e. V. wiederum hat das Land in Erbpacht von der Trias
Stiftung zurückgepachtet. Anschließend wurden das Gelände und die Gebäude

Gemeinschaftsgärten und Gemeinschaftsgärtner, tagend im Stadtgut Blankenfelde ...

... im Sommer

in jahrelangen allsamstäglichen ehrenamtlichen Einsätzen auf Vordermann gebracht. Schließlich konnten die Aktivisten die Mietergenossenschaft Selbstbau eG dazu gewinnen, den Bau der Wohnungen zu übernehmen. Am 3. Mai 2013 konnten schließlich die Wohnbereiche des alten Stadtguts feierlich eröffnet werden. So kam es also, dass seither hier tatsächlich 60 Erwachsene neben einer Schar von etwa 30 Kindern leben können.

Eine Naturschule und der Garten sind für alle offen, ein Café ist geplant, auf der anderen Straßenseite entstand bereits eines und labt die Sonntagsausflügler. Die Gründer des Vereins *Stadtgut Blankenfelde e. V.*, die sich früher bereits für die Renaturierung des Tegeler Fließes, einer Moorlandschaft am nördlichen Rand der Hauptstadt, eingesetzt hatten, kümmern sich jetzt um den Erhalt der Elisabethaue als wichtigem Feuchtgebiet im Naturpark Niederbarnim.

StadtGut Blankenfelde e.V.

Hauptstraße 24–30, 13159 Berlin-Blankenfelde
www.stadtgut-blankenfelde.de
Träger: StadtGut Blankenfelde e.V.
Anfahrt: Bus 107 (Schildow)
Kontakt: 030-400 581 82, kontor@stadtgut-blankenfelde.de
Öffnungszeiten: Zugang tagsüber jederzeit möglich

69   Botanische Anlage mit Bauerngarten

Kaffeetrinken im oder außerhalb des Gewächshauses, Damhirsche füttern, Bärlauchpflücken im Wald oder fleißigen Gärtnern beim Hacken und Ernten zuschauen: Das alles ist möglich im Botanischen Volkspark Pankow. Der idyllische Park liegt malerisch am Nordrand der Stadt im Naturpark Barnim. Eine Apfelbaum-Allee führt zur »Geologischen Wand«, die die obersten Erdkrusten Mitteleuropas sowie 123 Gesteinsarten aus verschiedenen Regionen zeigt.

Der mit 34 Hektar Fläche mittelgroße Park entstand auf ehemaligen Rieselfeldern an der Blankenfelder Chaussee. Unter dem damaligen Stadtgartendirektor Albert Broderson wurde hier 1909 ein zentraler Schulgarten mit Baumschule für die Berliner Schulgärten eingerichtet. Während beider Weltkriege fungierte das Gelände als Obst- und Gemüsegarten für Selbstversorger. Ab 1952 wurde das Gelände zunächst als zentraler Schulgarten für Ausbildungszwecke genutzt und ging 1977 an die Humboldt-Universität. Nach der Wiedervereinigung war die »Botanische Anlage«, wie das Gelände zu DDR-Zeiten hieß, zeitweilig in Gefahr, bebaut zu werden, doch seit 1994 steht der Park unter Denkmalschutz.

Die Anlage ist aufgeteilt in großzügige Staudenbeete, ein kleines Arboretum, einen Steingarten, eine Wassergartenanlage sowie einige Gewächshäuser aus den 1920er-Jahren. Sie beherbergen einige botanische Kostbarkeiten, wie die Königin der Nacht (Selenicereus grandiflorus), die im Juni oder Juli einige wenige Stunden lang blüht. Auch wenn der Park sehr abgelegen ist, ist er doch einen Ausflug wert und an Sommerwochenenden entsprechend gut besucht. Seit einigen Jahren sind die kreisrunden Beete des Bauerngartens von Max von Grafenstein, der an drei unterschiedlichen Orten in Berlin Mietgärten unterhält,

Das Café im Glashaus im Botanischen Volkspark

Erntende in den runden Beeten der Bauerngärten

eine zusätzliche Attraktion. Auf den Beetinseln ist an den Wochenenden immer etwas los, wenn die größtenteils eher jungen Leute mit ihren kleinen Kindern hier am Hacken und Ernten sind.

Vom nahegelegenen S-Bahnhof Wartenberg aus ist als Abstecher oder Wegesvariante die »Felder-Tour« möglich, die in den Landschaftspark Falkenberger Feldmark führt. Das Gebiet wurde als Teil des Barnimer Landschaftsparks teilweise wieder aufgeforstet. Der Förderverein *Naturschutz Station Malchow e.V.* hält hier schottische Hochlandrinder, worauf die Ehrenamtlichen vom Naturschutz ebenso stolz sind wie der Bezirk. Letzterer hofft, so das Wohnen »in der Platte« attraktiver zu machen.

Botanischer Volkspark Pankow

Blankenfelder Chaussee 5, 13159 Berlin-Blankenfelde
www.botanischer-volkspark-pankow.de
Träger: Grün Berlin GmbH
Anfahrt: Bus 107 (Botanische Anlage)
Kontakt: 030-700 906 12, info@gruen-berlin.de
Öffnungszeiten: Von Sonnenauf- bis Sonnenuntergang, Gewächshäuser Montag bis Freitag 10 bis 14 Uhr (ein Eintritt von 1 € wird erbeten)

Der Interkulturelle Garten in Französisch Buchholz liegt inmitten eines Neubaugebiets, das erst kürzlich auf einem ehemaligen Kleingartengelände entstanden ist. Der schön gestaltete Garten umfasst eine offene Laube, einen Holzschuppen mit Komposttoilette und viele vergleichsweise große individuelle Beete, die mit Hilfe der Stiftung Interkultur in München sowie der Veolia-Stiftung der Wasserwerke gebaut werden konnten. Hinter den Beeten faszinieren im Hochsommer eine Wildblumenwiese sowie eine Reihe Himbeersträucher.

Auf den ungefähr 20 Parzellen wirtschaften etwa zwei Dutzend Menschen aus der Mongolei oder Schweden, Vietnam, Italien, Serbien oder Deutschland. Die Gärtner sind größtenteils berufstätig. Nur drei von ihnen sind Nachbarn aus der näheren Umgebung, die anderen kommen teilweise von weither. Ursprünglich waren neben dem Umwelt- und Naturschutzamt Pankow auch das Nachbarschaftszentrum Amtshaus Buchholz Initiator und auch ein paar Jahre lang Träger, bis der Garten 2010 mittels Gründung eines Vereins *Bunter Garten Buchholz* selbstständig wurde. Die Nutzungsgebühr und die Beteiligung an Strom und Wasser betragen nur zwölf Euro im Jahr. Neue wenden sich im Zweifelsfall am besten ans Amt.

Wer möchte, kann statt nach Süden von hier aus auch eine kleine Runde zurück nach Norden durch die Elisabethaue radeln. Friedliche Felder und Kleingärten säumen die Blankenfelder, später Buchholzer Straße auf dem Weg zum Dorfkern. Östlich des Dorfs Blankenfelde laden die Niedermoorwiesen des Tegeler Fließes zu ruhigen Gängen oder Radeln durch naturbelassene Landschaften ein. Eine Bürgerinitiative hat mittels ihres Vereins *Natur&Kultur e.V.* den

In Französisch Buchholz ...

... der Bunte Garten Buchholz

ehemaligen Dorfkrug von Alt-Lübars zu neuem Leben erweckt. Nun wird im *LabSaal Lübars* an Wochenenden Kaffee und Kuchen geboten, oder Konzerte oder Theateraufführungen. Alle zwei Jahre ermöglicht es eine »freie Berliner Kunstausstellung« auch unbekannten Künstlern, ihre Werke auszustellen. Die Natur- und Umweltschützer, die sich ehedem für die Renaturierung des Tegeler Fließes und den Rad- und Wanderweg entlang des Fließes eingesetzt haben, bemühen sich heute um den Erhalt der Elisabethaue als wichtigem Feuchtgebiet des Naturparks Niederbarnim, der im nördlichen Pankow bis in die Stadt Berlin hineinreicht.

Der Weg nach Süden führt ein Stück entlang des Gebirgs- und Feldkräuterwegs und des Zingergrabens durch die Schönholzer Heide. Sollte man sich verirren, kann man darüber nachdenken, wie wohl in dem riesigen Kleingartengebiet Wege wie »Angerweg« oder »Eigene Scholle« zu ihren Namen gekommen sind. In der Schönholzer Heide lässt sich mit einigem Glück neben Eichhörnchen und Kaninchen ab und an auch miteinander kämpfendes Rittervolk beobachten ...

Bunter Garten Buchholz

Aubertstraße 1, 13127 Berlin-Französisch Buchholz
Träger: Bunter Garten Buchholz e.V.
Anfahrt: Bus 124, Bus 154, Bus 259 (Aubertstraße)
Kontakt: 0157-747 007 68, bunter.garten.buchholz@googlemail.com
Öffnungszeiten: Samstag 10 bis 13 Uhr

71 Kinderbauernhof an der Panke

Auf einem ehedem trostlosen Stück Mauerstreifen gegenüber dem Städtischen Friedhof und dem Bürgerpark Pankow liegt heute der Kinderbauernhof Pinke-Panke. Er entstand gleich nach der Wiedervereinigung und verdankt seinen Namen der vorbeifließenden Panke. Mit Studenten der Architektur gebaute Holz-Lehmfachwerkbauten umstehen den Hof, in der Nordecke bauen die Kinder wilde Bretterburgen. Auf dem Südteil des Geländes grasen Esel, schnattern Gänse und buddeln Schweine. Auch einige Gemüsebeete gibt es hier. In der Mitte steht ein Gebäude mit Küche, Spielraum und Waschgelegenheiten. Man sieht gleich, dass hier überall nach ökologischen Idealen gearbeitet wurde und wird.

Entstanden aus dem Engagement von Erziehern und Anwohnern konnte noch im Wendeprozess der Verein *Spielraum e. V.* gegründet werden und 1991 wurde der erste Spatenstich getätigt. Als einige Jahre später die Existenz des Kinderbauernhofs zeitweilig in den Sternen stand, half das erhöhte Engagement der Eltern. Der erste Esel kam von der Partnereinrichtung Filderstadt am Bodensee nach Berlin und seit 1998 findet ein erfolgreicher deutsch-polnischer Jugendaustausch statt. Heute unterhält ein sechsköpfiges Team den Kinderbauernhof und wird dabei unterstützt von jungen Leuten im freiwilligen ökologischen Jahr und Praktikanten. Die Besonderheit ist ein großes Angebot an verschiedenen handwerklichen Techniken, die die Kinder hier ausüben beziehungsweise erlernen können.

Der Kinderbauernhof richtet sich als offener, pädagogisch betreuter Spielplatz an interessierte Kinder, Jugendliche und Erwachsene, die die Sehnsucht

Kinderbauernhof Pinke-Panke

Sonntags haben die Esel Ausgang

nach naturnahen Lebensräumen umtreibt. Die Gebäude strömen Gemütlichkeit aus und regen die Fantasie an und es ist offenkundig, dass ihre Errichtung den beteiligten Freiwilligen, Jugendlichen, Kindern und Erwachsenen nicht nur interessante Lehrstunden, sondern auch viel Freude bereitet hat. So ist immer viel los und sonntagnachmittags gibt es öfter sogar Kuchen.

Sollte der Kaffeeausschank im Kinderbauernhof geschlossen sein, kann man es im Café des gegenüberliegenden Bürgerparks Pankow versuchen. Dort versorgen ehrenamtliche Mitarbeiter der Parkbücherei die Studierwilligen mit Lektüre. Für die Kinder gibt es im Park Bergziegen auf einem zünftigen Kletterberg zu bestaunen.

Kinderbauernhof Pinke-Panke

Am Bürgerpark 15–18, 13156 Berlin-Pankow
www.kinderbauernhof-pinke-panke.de
Träger: Spielraum Pankow e.V.
Anfahrt: S1, S25, S85 (Wollankstraße), Tram M1 (Am Bürgerpark), Bus 250 (Am Bürgerpark)
Kontakt: 030-475 52 59, info@pinke-panke.de
Öffnungszeiten: in der Saison Dienstag bis Sonntag 12 bis 18.30 Uhr

Wohlgeratene Kohlköpfe

TOUR 11
Von der Selbstversorger-
wirtschaft zur modernen
urbanen Agrarkultur

72 Die Obstbaukolonie Eden

Eine gute Fahrradstunde nördlich vom S-Bahnhof Frohnau liegt als gewissermaßen erste Berliner Ausgründung die Obstbaukolonie Eden. Sie entstand Ende des 19. Jahrhunderts als Selbstversorgersiedlung, die Erwerbslosen ein neues Auskommen ermöglichen sollte. Bis heute liegen die winzigen Häuschen inmitten großer Obst- und Gemüsegärten und der Grund und Boden gehört der Eden-Genossenschaft, was die Siedlung vor spekulativen und preistreibenden Landverkäufen bewahrte. Die Namen der Wege erinnern an die Gründerväter der Lebens- und Bodenreformbewegung des 19. Jahrhunderts sowie an berühmte Vegetarier, Geldreformer und Vertreter des Genossenschaftsgedankens. Erwerbsgärtnereien inmitten der Siedlung zeigen, dass hier einst für Arbeitslose neue Verdienstmöglichkeiten geschaffen wurden.

Die 1893 gegründete Obstbaukolonie wurde zunächst als eine vegetarische Selbstversorgersiedlung mit gemeinsamem Bodenbesitz gegründet. Berliner Kaufleute wollten Erwerbslosen ermöglichen, sich durch eine neue Agrarkultur mit Eigenversorgung und Verkauf helfen zu können. Für sich selbst wollten sie ein Leben im Grünen außerhalb der schlecht geplanten, überfüllten Stadt ermöglichen.

Zur Hundertjahrfeier 1993 wurde in der Mosterei aus den 1920er-Jahren eine informative Ausstellung zur Geschichte Edens eröffnet, die an den Wochenenden in der Regel geöffnet ist. Besuchergruppen können sie nach vorheriger Anmeldung auch zu anderen Zeiten besuchen. Die zeitgenössischen Fotos zeigen die Gründercrew unter brennender Sonne den Acker hackend. Die Frauen empfanden sich mit ihrem *Ackern* (wie die Berliner sich gerne ausdrücken) in ihren Selbstversorgergärten als Pionierinnen einer neuen Lebensform und einer *kommenden Gesellschaft*.

Selbsthilfe und *Eigenarbeit* standen im Mittelpunkt, dafür ertrugen sie den Muskelkater gern. Durch seine findigen Vegetarier wurde Eden einer der Geburtsorte von Obstsäften und vegetarischen Brotaufstrichen. Die Edener Er-

Genossenschaftshaus und die Radlerpension von Eden

Eden Gemeinnützige Obstbaumsiedlung

Das ehemalige Wohnhaus des Künstlers Wilhelm Groß

finder verzichteten bewusst auf die Patentierungen ihrer Produkte, wollten sie doch ihre Ideen weiter getragen wissen.

Nach 1933 übernahmen auch in Eden die Nazis die Oberherrschaft und vertrieben die jüdischen Mitbewohner. Zu DDR-Zeiten wurden die Häuser von »Republikflüchtlingen« von der SED an zu Eden nicht passende Menschen vergeben. Im Wendeprozess wurde die zu Eden gehörende, aber in Westdeutschland liegende Reformhausfirma *Eden* an einen Großkonzern verkauft. Die Obstbaukolonie durfte ihre berühmten Eden-Säfte nicht mehr verkaufen und musste ihre Mosterei schließen. Existenzgefährdend war eine Verschuldung der Kolonie durch mittels von Krediten gebaute Seniorenhäuser Ende der 1990er-Jahre. Immerhin entstanden nach 1990 ein ökologischer Kindergarten und eine fantasievoll eingerichtete Radlerpension. Zudem entstanden ein Kindergarten, eine freie »Kinderschule« und eine nun allerdings privat betriebene Mosterei.

Eden Gemeinnützige Obstbaumsiedlung

Struveweg 501, 16515 Oranienburg bei Berlin
www.eden-eg.de
Träger: Eden Gemeinnützige Obstbau-Siedlung e.G.
Anfahrt: S1 (Oranienburg), Bus 824 (S-Bahnhof Oranienburg)
Kontakt: 03301-523 26, info@eden-eg.de
Öffnungszeiten: Zugang jederzeit möglich; Ausstellung und Eden-Café Sonntag 14 bis 17 Uhr

73   Die Gartenstadt Frohnau

Eine der schönsten Gartenstädte Berlins ist die ab 1910 erbaute Gartenstadt Frohnau. Sie wurde von Berlinern für Berliner geplant und liegt rings um den Verbindungspunkt nach Berlin, den S-Bahnhof Frohnau. Um das Bahnhofsgebäude im Jugendstil und den dazugehörigen grünen Gartenplätzen scharen sich Läden und Lokale. Wahrzeichen ist der Casinoturm, der an den Darmstädter Hochzeitsturm erinnert. Da die Gartenstadt Frohnau frei finanziert ohne öffentliche Zuschüsse entstand, wurde sie zu einer Villensiedlung. Sie zog bald Künstler aus aller Welt an. Bis heute veranstaltet der Künstlerhof alljährlich einen Tag der offenen Tür.

Die Anlage der grünen Schmuckplätze, wie man sie zur Zeit der Gründergeneration 1910 nannte, erinnert nicht von ungefähr an die Gartenstadt Letchworth nördlich von London. Der Landschaftsarchitekt Ludwig Lesser schuf Frohnau nach dem Vorbild von Letchworth Garden City, die 1903 als eine der ersten Gartenstädte Europas gegründet worden war. Sie war der Auftakt für eine weltweite Gartenstadtbewegung im frühen 20. Jahrhundert, der Selbstversorgersiedlungen wie Eden vorausgingen. Zur Zeit der Jahrhundertwende hatte sich unter den Gebildeten der Nordhalbkugel die Überzeugung herauskristallisiert, dass das Errichten von Gartenstädten mit einfachen Häusern und viel Raum für Selbstversorgergärten und wohnungsnahes (Reparatur-)Handwerk für die »Städtesanierung« unerlässlich sei. Deshalb kauften die Bodenreformer der *Berliner Terrain-Centrale* (von wohlmeinenden Besitzenden wie dem Sozialreformer Fürst von Donnersmarck) das Gelände bei Schönfließ und bezuschussten den Bau der Gartenstadt.

Zur Förderung der Gartenstadt-Idee hatten Enthusiasten der 1910 den Wettbewerb »Groß-Berlin« ausgeschrieben, der Berlin mit einem Ring aus Gartenstädten umgeben sollte. Frohnau war eine der ersten Gartenstädte, die verwirklicht wurden. Da jedoch keine öffentliche Förderung erreicht werden konnte, wurde Frohnau Mittelstandsquartier, wo Ärzte, Rechtsanwälte oder Professoren mit eigenen Mitteln bauten, Arbeiter jedoch ausgeschlossen blieben.

Casinoturm und Buddhistisches Haus …

... nebst Schmuckplatz in der Gartenstadt Frohnau

Die vielen kleinen Seen und Teiche in und entlang der Grünzüge Frohnaus wurden schon damals vorausschauend zwecks der Versickerung des Regenwassers gebaut. Heute führt man in Städten wie New York in Gemeinschaftsgärten Regenwasserauffangbecken ein, um Zerstörungen durch starke Regenfälle entgegenzuwirken. Die Grünzüge sorgen zudem für einen das Stadtklima verbessernden Luftaustausch und bescheren den Anwohnern schöne Spazier- und Radwege. Diese Umgebung veranlasste den Ostasienreisenden und Mediziner Paul Dahlke dazu, seinem Viertel ein buddhistisches Zentrum mit japanischem Tempel zu schenken. Es ist von einem schönen Wald-Garten umgeben. Heute wohnen dort buddhistische Mönche und bieten Meditationen und Diskussionsveranstaltungen an. Während die Meditationshalle täglich von 9 bis 18 Uhr offen ist, hat die Bibliothek montags zu.

Gartenstadt Frohnau

13467 Berlin-Frohnau
www.frohnau-berlin.de/frohnau/die-gartenstadt
Anfahrt: S1 (Oranienburg)
Öffnungszeiten: Zugang jederzeit möglich

Zwischen hohen Altbauten stehen bemalte Brandmauern und allerlei Wildwuchs rings um einen Spielplatz. Dazu ein Sport-Parcours durch ein Spontan-Wäldchen: den Mittelgarten in der Spandauer Neustadt, ganz in der Nähe der Altstadt. Es handelt sich um den vom Quartiersmanagement neu gestalteten Hinterhof eines sogenannten schwierigen Wohnquartiers. Die Krönung des Hofes ist der Gemeinschaftsgarten mit beeindruckenden Hochbeeten aus Granit. Die vorherigen aus Holz hielten dem jugendlichen Ansturm nicht stand. Optisch reicht die grüne Oase hinein in den Garten der Lebenshilfe, in dem auch Tiere gehalten werden. Meistens steht das Tor zwischen den Grundstücken offen.

Ein halbes Dutzend Frauen und einige Kinder sind in dem fröhlich blühenden Gemeinschaftsgärtchen zugange. Schnell lerne ich die Hauptakteurinnen kennen: Maria Barth ist die vom Quartiersmanagement beauftragte »Hauptamtliche«, die das Projekt Mittelgarten und den Garten zusammen mit ihrer Kollegin Tanja Radke professionell betreut. Sie ist als Sozialpädagogin und Gartentherapeutin im Auftrag eines Wohlfahrtverbandes tätig. Ihr zur Seite steht Claudia Berg, ehrenamtliche Mitarbeiterin im Quartiersmanagement. Sie ist leidenschaftliche Verbindungsfrau, überall macht sie mit und verknüpft Gärtnerhöfe des Spreewaldes mit ähnlichen in Potsdam. Ihr Lieblingsprojekt aber nennt sich *Wickiwoods*. Mit den Guerillagärtnern von *Wickiwoods* werden überall, wo es sinnvoll erscheint, an einem Wochenende Bäume gepflanzt, oft auf eigene Kosten und unter Außerachtlassung sämtlicher Regeln des bequemen Lebens.

Ich unterhalte mich mit Frau Nirschl, die ihre Gartenhandschuhe und zwei Kohlrabi in ihren Rollator gepackt hat. Sie sieht kaum noch etwas, denn sie ist

Die drei Aktiven des Mittelgartens

Unverwüstbare Stein-Container-Beete

jetzt 90. Sie ist dennoch noch immer die Kompostmacherin hier im Garten. Ihr ist es zu verdanken, dass sogar in den verschatteten Beeten unter den breit ausladenden Bäumen noch etwas wächst.

Auf meiner Radtour zum nächsten Ziel streife ich die Interkulturellen Gemeinschaftsgärten der Jeremia-Gemeinde sowie der Zufluchts-Kirche auf dem Falkenhagener Feld. Hier machten deutliche Hilfen von u. a. *Soziale Stadt*-Programmen des Landes Berlin, von der im Gartenbereich engagierten Planerfirma S.T.E.R.N. oder von Gärtnern des Beschäftigungsträgers C.U.B.A. die Gärten möglich. Und wussten Sie, dass Spandau auch Wirkstätte von einem der Brüder Lilienthal war? Der Bruder des ersten Fliegers gründete in der Niederung des Bullengrabens die Kolonie *Freie Scholle* (heute Lazarusstraße 127), mittels der er ähnlich wie die Edener und die Bodenreformer seiner Zeit freien Zugang zu Gartenland auch für Geringverdiener ermöglichen wollte. Damals war der Name Programm, was übrigens besonders auch für die gleichnamige Siedlungsgenossenschaft in Tegel gilt, die bereits ab 1899 entstand.

Mittelgarten
Mittelstraße 15 resp. 20, 13585 Berlin-Spandau
Träger: Quartiersbüro Spandauer Neustadt
Anfahrt: U7 (Altstadt Spandau)
Kontakt: 030-337 738 40, team@qm-spandauer-neustadt.de
Öffnungszeiten: Treffen Dienstag von 15.30 bis 18 Uhr und Freitag von 10 bis 12 Uhr

75 Genossenschaftliches Wohnen in der Gartenstadt Staaken

Am beliebten Mauerradweg westlich der Spandauer Altstadt liegt zwischen Hamburger und ehemaliger Lehrter Bahn die Gartenstadt Staaken. Die Siedlung wurde auf Anregung der Bodenreformer während des Ersten Weltkriegs für Arbeiterfamilien gebaut, um ihnen ein Wohnen im Grünen und – in erwerbslosen Zeiten – die Selbstversorgung aus dem Garten zu ermöglichen. Vorbild war neben anderen die Gartenstadt Hellerau bei Dessau. Die Häuser wurden nach dem Vorbild der Obstbaukolonie Eden klein und einfach gehalten, der Landschaftsplaner war wie in Frohnau Ludwig Lesser.

Zwischen den Häusern liegen die großen Gärten. Spaziergänger, die die Gartenstadt auf den schmalen Wirtschaftswegen durchwandern, können die moderne Vielgestaltigkeit der Gärten bewundern. Die an die Häuser angebauten kleinen Ställe beherbergen heute statt Ziegen, Kaninchen oder Hühnern allerdings eher lautstarke Motorrasenmäher oder Kinderplanschbecken.

Die Gartenstadt Staaken wurde möglich, weil die Ideen der Gartenstadtidealisten und Bodenreformer, darunter der schriftstellernde Arzt, Privatdozent und spätere Soziologieprofessor Franz Oppenheimer, vom Innenministerium übernommen wurden. Der Preußische Staatssekretär des Reichsamts des Inneren, Clemens Delbrück, betrieb den Grundstückskauf und die Genossenschaftsbildung bis hin zur Anstellung der Architekten selbst. Reformbegeisterte Zeitgenossen der Freien Volksbühne hatten im Rahmen des Friedrichshagener Dichterkreises nach Londoner Vorbild 1902 die *Deutsche Gartenstadtgesellschaft* gegründet. Seit 1908 arbeitete sie mit der *Gesellschaft für Bodenreform* zusammen. Sie hatten 1910 den *Wettbewerb Groß-Berlin* ausgeschrieben, um die Idee der Gartenstädte zu verbreiten. Man ging damals davon aus, dass die meisten Gartenstädte außerhalb des damaligen Berlins innerhalb des S-Bahn-Rings entstehen würden und so kam es auch. Erst mit der Gründung von Groß-Berlin zum 1. Oktober 1920 kamen die Berliner Gartenstädte, die größtenteils vor dem Ersten Weltkrieg geplant, aber erst während oder nach dem Krieg verwirklicht wurden, zu Berlin.

Reihenhäuser im holländischen Stil, Gemüsegärtner

Stallanbauten und Gärten in Staaken

Um das spekulative Verkaufen von Boden zu verhindern, regten die Gartenstadtidealisten die Gründung von Genossenschaften an, im Fall Staakens sollte das Land jedoch in Staatsbesitz bleiben. Es wurde der Genossenschaft in Erbpacht überlassen. 1945 beschlossen die Staakener, am genossenschaftlichen Besitz des Bodens nicht zu rütteln und kauften, da der Staat Preußen aufgelöst worden war, den staatlichen Instanzen das Land gemeinsam ab. Bis heute ist die Zahl der Staakener, die lebenslang in ihrer Siedlung wohnen bleiben, erstaunlich groß, ebenso wie die Zahl der nach Ausbildung und Studium zurückkehrenden Kinder.

Die Siedlung ist Genossenschaft geblieben und daher bleiben die Lebenshaltungskosten dank fehlendem Bodenpreis- bzw. Mietendruck erschwinglich. Neuerdings wird auch wieder mehr Gemüse angebaut, wie in anderen alten Gartenstädten ebenfalls vermehrt zu beobachten ist.

Gartenstadt Staaken

13591 Berlin-Spandau
Träger: Gartenstadt Staaken eG
Anfahrt: Bus 237 (Gartenstadt Staaken)
Kontakt: 030-367 06 20, info@gartenstadt-staaken.de
Öffnungszeiten: Zugang jederzeit möglich

Gartenstadt Staaken

In dem wunderschönen Landschaftsschutzgebiet an der Havel entstand 2010 der erste Mietgarten in Berlin, der *Bauerngarten*. Die neue Form urbaner Agrarkultur in Havelmathen liegt am beliebten Havelwanderweg. Aus dem an dieser Stelle seeartig breiten Fluss bezieht der Garten auch sein Wasser. Der Garten hat eine Fläche von etwa 1,5 Hektar. Die Leiterin des Grünamts in Spandau war dem Projekt von Anfang an sehr gewogen, und so kam der Garten zum Boden, der dem Land Berlin gehört und im Landschaftsschutzgebiet Gatow/Kladow liegt. Zertifizierter biologischer Gartenbau und Landschaftsschutz ergänzen einander. Zudem bestehen enge Kontakte zu den Naturschützern vom NABU, dem Landschaftspflegeverband Spandau sowie dem Umweltbildungszentrum Berlin.

Der Bauerngarten ist ein Miet- oder Selbsterntegarten zur nachhaltigen Selbstversorgung mit qualitativ hochwertigen Gemüsen. Er wurde 2010 zeitgleich mit einem ersten Garten bei Bauer Mette bei Lichtenrade eröffnet, heute existiert zudem ein dritter Bauerngarten im Botanischen Volkspark Pankow. Die ursprünglich zwei Gründer, Max von Grafenstein und Benjamin Bauer, gingen bewusst nach Berlin, da sie ahnten, dass hier das neue Konzept der Selbsternte-Gärten auf fruchtbaren Boden fallen würde. Sie entschieden sich für kreisrunde Gartenanlagen, um den Mietern eine zentrale Besprenkelung der Beete anbieten zu können. Die Gärtner und Gärtnerinnen in den kleinen Parzellen sind vor allem Menschen mit Bildungshintergrund, Akademiker oder Künstler. Etliche kommen aus der Umgebung, andere aber auch etwa aus Neukölln. Viele Junge machen mit, Familien mit Kleinkindern, alleinstehende Frauen und Rentner. Sie alle möchten gerne frisches Biogemüse essen. Und sie verstehen ihren klei-

Erntende im Bauerngarten

Picknick zum Erntefest

nen Ackeranteil auch als Ersatz für den fehlenden eigenen Garten. Die Lage im Landschaftsschutzgebiet mit seinen offenen Flächen, dem Wald und dem Havelwanderweg macht den Garten äußerst attraktiv. Im Sommer 2014 hatte der Bauerngarten an seinen drei Standorten bereits tausend Teilnehmer.

Das Konzept funktioniert so: Die Pächter zahlen im Voraus einen festen Jahresbeitrag und Max von Grafenstein sät und pflanzt als Landwirt für alle. Die Miet-Gärtner müssen anschließend nur hacken und ernten. Max von Grafenstein bietet an den Wochenenden aber auch Workshops an. So können die Gärtnern den biologischen Gemüseanbau systematisch erlernen. 2014 wurde der Bauerngarten von der deutschen UNESCO-Kommission als vorbildliches Projekt der Weltdekade »Bildung für nachhaltige Entwicklung« ausgezeichnet. Nachdenken über einen nachhaltigen Konsum von Lebensmitteln gelingt eben am besten beim Lockern der Erde rings um den eigenen Kohlkopf.

Bauerngarten
Kladower Damm 57, 14089 Berlin-Gatow
www.bauerngarten.net
Anfahrt: Bus X34 (Alt-Gatow oder Helleberg), Bus 134 (Am Graben)
Inhaber: Max von Grafenstein
Kontakt: 030-231 868 70, mvg@bauerngarten.net
Öffnungszeiten: an den Wochenenden, wenn Gärtner anwesend sind, der Garten ist aber auch über den Zaun gut zu besichtigen

77 Die solidarische Landwirtschaft des SpeiseGuts

Das erste Projekt einer *Solidarischen Landwirtschaft* auf Ackerland in Berlin liegt neben dem Bauerngarten, im Landschaftsschutzgebiet an der Havel. Es handelt sich um eine Gemüsegärtnerei, die Christian Heymann im Jahr 2013 eröffnet hat, nachdem er zuvor auf dem benachbarten Viereckshof gearbeitet hatte. Das *SpeiseGut* und der *Bauerngarten* teilen sich das Land des ehemaligen Bauerngehöfts Havelmathen. Der Bezirk freut sich über die Ökobauern im Naturschutzgebiet. Christian Heymann dagegen freute sich weniger über die vielen munteren Wildschweine im Landschaftsschutzgebiet und zäunte sein Gelände schließlich ein.

Nach 15 Jahren Erfahrung in der Landwirtschaft wagte Christian Heymann den Sprung in die Selbstständigkeit. Seine Idee war es, mittels des Konzepts der *Solidarischen Landwirtschaft* den Betrieb auf festen Boden zu stellen. Noch sind die meisten seiner Mitarbeiter Praktikanten und andere Freiwillige, aber das Interesse an einer Teilhabe-Landwirtschaft ist groß, und viele der *SoLaWi*-Beteiligten kommen gerne zu Arbeits- oder Ernteeinsätzen. Dank seiner engen Zusammenarbeit mit den örtlichen Öko- und Naturschutzinitiativen konnte Christian Heymann 2014 zusammen mit Antje Matthes zudem auch den Gastronomiebetrieb in der Nähe, das *HavelGut*, übernehmen, wo seine Gemüse gleich verarbeitet werden. Im Februar 2015 kam eine wieder in Betrieb genommene alte Ölmühle hinzu. Sie kommt bei der Weiterverarbeitung von Rapsöl zum Einsatz. Die Solidarische Landwirtschaft, die Direktvermarktung über die eigene Gastronomie sowie die Weiterverarbeitung vor Ort in der Ölmühle helfen Kleinlandwirtschaften von wenigen Hektar, in Zeiten aus dem Ruder gelaufener Finanzverhältnisse zu überleben. Für ein verarbeitetes (veredeltes) Produkt bekommt ein Landwirt nämlich viel mehr, als für den puren »Rohstoff«.

Die Solidarische Landwirtschaft ist eine Art radikalisiertes Abokistensystem: Die »Anteilseigner« zahlen für ein ganzes Jahr und bekommen dafür jede Woche eine Kiste mit frischem Gemüse und im Winter sogar Honig und Öl. Mit

Mohrrüben, Rotkohl und Weißkohl

Weltweites Interesse am Modell der Solidarischen Landwirtschaft

anderen Worten: Die Ernteanteilnehmer finanzieren den Bauern und seinen Betrieb mit einer jährlichen Pauschale, dafür wird ihnen jede Woche frisches Gemüse, manchmal auch veredelte Produkte, an eine Abholstation nahe ihrem Wohnort geliefert. Darüber hinaus packen sie an mindestens drei Tagen im Jahr selbst mit an, etwa bei den Frühjahrsauspflanzungen, dem mitsommerlichen Hacken der Gemüsereihen oder den herbstlichen Ernteeinsätzen. Wie auch bei den Bauerngärten nebenan, handelt es sich um ein Projekt, das landwirtschaftliche Arbeitsplätze zurück in die Stadt bringt. Das Geheimnis ist a) Qualität, also konsequente Biolandwirtschaft, b) Eigenarbeit, also Selbsthilfe und Freude am körperlichen Arbeitseinsatz und c) die Hilfsbereitschaft zahlloser begeisterte jugendlicher Praktikanten.

SpeiseGut

Kladower Damm 57, 14089 Berlin-Gatow
www.speisegut.com
Inhaber: Christian Heymann
Anfahrt: Bus X34 (Alt-Gatow), Bus 134 (Am Graben), BVG-Fähre nach Kladow
Kontakt: 030-365 099 53, bauer@speisegut.de, speisegut.gbr@web.de
Öffnungszeiten: Zugang jederzeit möglich, das dazugehörige Restaurant HavelGut je nach Jahreszeit an Wochenenden

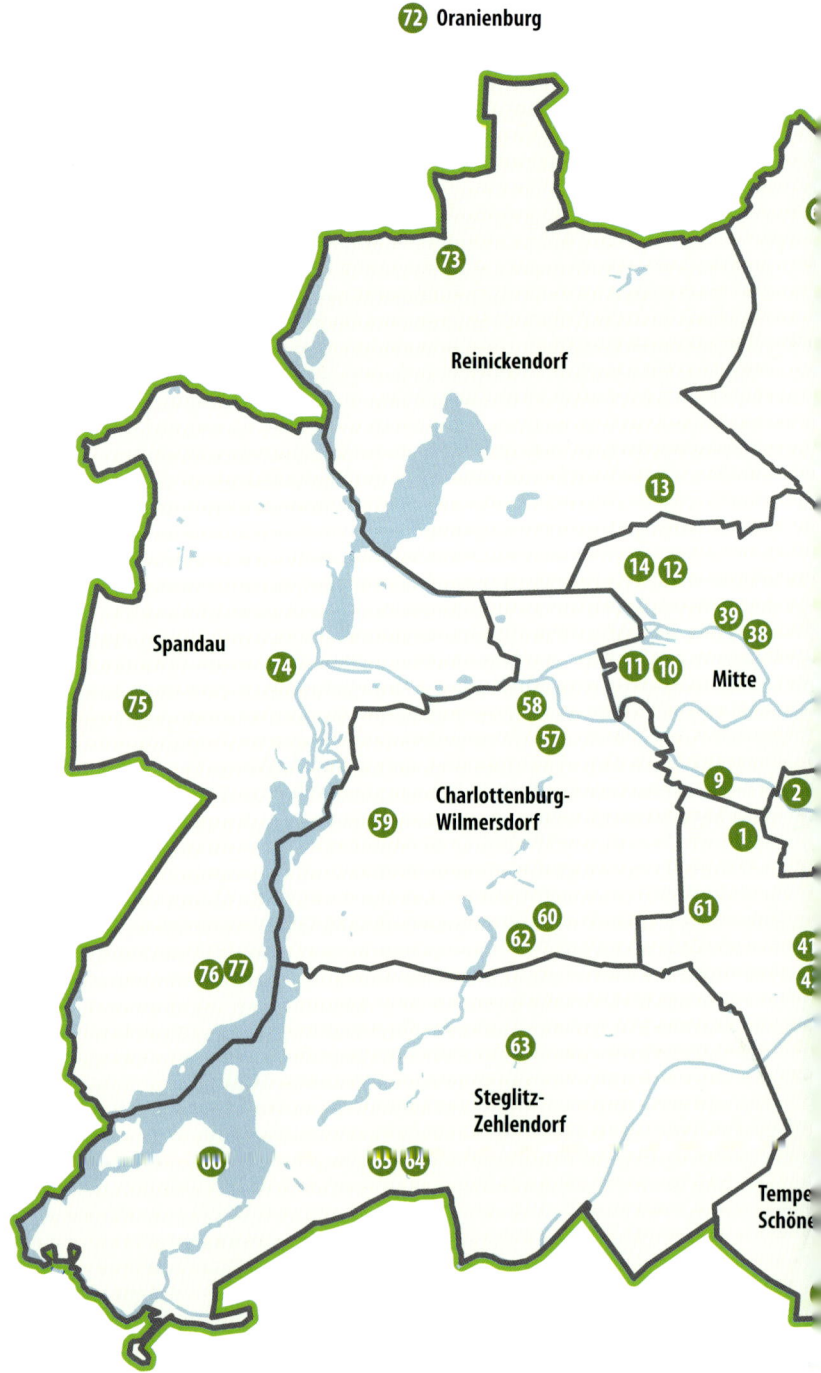

72 Oranienburg

73 Reinickendorf

Spandau

74

75

13

14 12

39 38

11 10 Mitte

58

57

9

2

1

Charlottenburg-
Wilmersdorf

59

60

62

61

41

4.

76 77

63

Steglitz-
Zehlendorf

00

65 64

Tempe
Schöne

Übersichtskarte

67

Friedrichshain-Kreuzberg

nkow

52

53
54
56
55

31

Lichtenberg

33 32

51
50
49

Marzahn-Hellersdorf

30 29

28

6
27 26
7

25

6 17 18
19

48

20 21 22
23

Neukölln

Treptow-
Köpenick

47

6

191

Dank

Für das Sponsoring der Niederschrift dieses Büchleins danke ich der Hatzfeld-Stiftung sowie den Freunden vom Verein *Tier und Mensch e.V.* Hilfreich waren zudem zwei frühere Forschungsaufträge der Anstiftung München (mit vollem Namen Stiftungsgemeinschaft Anstiftung-Ertomis), in deren Rahmen ein Teil der Forschungsarbeiten für dieses Buch gemacht werden konnten.

Für geduldiges Gegenlesen und Ermutigung danke ich Cassen Harms und Ulrike Reiter sowie anderen hilfreichen Berlinerinnen und Berlinern. Für stetes auf der Spur bleiben hinsichtlich wissenschaftlich motivierter sowie umweltinteressierter Radtouren und Exkursionen danke ich besonders Kollegin Dr. Leonore Scholze-Irrlitz sowie Dr. Torsten Reinsch und Dr. Christophe Kotanyi und den anderen von der *Arbeitsgruppe Kleinstlandwirtschaft und Gärten in Stadt und Land,* in deren Zusammenhang ab 1997/98 alles begann. Für begeisterndes Mitforschen danke ich Manuela Lagarde und Miren Artola sowie meinen Seminaren resp. den Studierenden der Soziologie der Freien Universität besonders vom Sommersemester 2014. Auch das Interesse und die Begeisterung der Studierenden der Europäischen Ethnologie der Humboldt-Universität zu Berlin, vieler Seminare in Wien und Innsbruck sowie am Bundesinstitut für Erwachsenenbildung in Österreich waren beflügelnd.

Die Autorin

Foto: Niko Viebahn

Elisabeth Meyer-Renschhausen ist Gründerin und Mitinitiatorin zahlreicher Gemeinschaftsgarten-Projekte in Berlin und beschäftigt sich seit Jahrzehnten intensiv mit den Themen Ernährung, Urban Agriculture und Interkulturelles Gärtnern in Deutschland, Europa und den USA. Zusammen mit Kollegen und Studierenden gründete die habilitierte Soziologin die Arbeitsgruppe »Kleinstlandwirtschaft und Gärten in Stadt und Land« und organisierte mehrere Konferenzen zum Thema. Neben ihrer Lehrtätigkeit an der Freien Universität und an der Humboldt-Universität zu Berlin bietet sie regelmäßig Exkursionen zu den alten und neuen Stadtgärten Berlins an, am liebsten per Rad (erreichbar unter gartentouren@web.de). Zahlreiche Publikationen zum Thema, zuletzt »Die Hauptstadtgärtner – Eine Anleitung zum Urban Gardening« (2015).